U0527804

译文经典

生活的意义与价值
The Meaning and Value of Life
Rudolf Eucken

〔德〕鲁道夫·奥伊肯 著

赵月瑟 译

上海译文出版社

译者序

鲁道夫·奥伊肯（Rudolf Eucken，旧译倭铿），德国唯心主义哲学家，1846年1月5日生于东弗里斯兰的奥里希城。曾在格丁根大学学习语言学和哲学；获博士学位后，在法兰克福高级中学教书。1871年被任命为瑞士巴塞尔大学哲学教授，1874年改任耶拿大学教授，此后一直在那里工作，1920年退休。1926年9月15日去世。他曾于1908年获诺贝尔文学奖。

奥伊肯一生写了大量著作，出版后在德国思想界反响热烈，而且都很快被翻译成各国文字。他的主要著作有：《近代思想主潮》(1878)、《精神生活的统一性》(1888)、《大思想家的人生观》(1890)、《为精神生活的内容而战斗》(1896)、《宗教之真理》(1901)、《一种新人生观大纲》(1907)、《生活的意义与价值》(1908)、《知识与生活》(1912)、《当代伦理学与精神生活的关系》(1913)、《自传》(1921)等。在这些著作中，奥伊肯论证和阐发了一种唯心主义的生命哲学。

生命哲学在19世纪末至20世纪初的德、法等国非常流行，它以当时最时髦的研究论题即人的生命、人的生活、人的价值、人的历史文化作为理论对象，强调生命的精神创造和心灵世界的独特性，强调人文科学方法的独特性，形成了一股与理性主义思维模式相抗衡的普遍思潮。这一思潮包括不少理论派别，最重要的有以法国哲学家柏格森为代表、带有生物学倾向的生命哲学学派和以德国哲学家狄尔泰等人为代表、更加注重社会历史领域的生命哲学学派。在20世纪头20年里与狄尔泰齐名的奥伊肯，作为当时一位颇有影响的生命哲学家，所倡导的是一种历史-文化倾向的生命哲学，用他自己的说法，可称之为精神生活的哲学。

《生活的意义与价值》是奥伊肯众多著作中篇幅较小、比较通俗的一本,而且比较系统地体现了他的精神生活哲学的方法、出发点、主要内容和特点。

奥伊肯不是一个用理性构造体系的哲学家。他把自己哲学的重点置于实际的人类经验上,从人所经验的生活开始。在他看来,人的生活必然要组织成各种有机的制度,哲学的任务就在于阐明其意义,帮助人们选择乃至于改进生活制度。因此,是生活第一,而不是思想第一。思想仅仅是生活的工具。生活的发展、生活状况的重大改变提出对新哲学的需要。新哲学必须比以往的哲学更广泛、定义更明确。首先新哲学必须对以往占统治地位的思潮作出必要的批判。

在人生意义与价值的问题上,过去的旧宗教和旧哲学所提供的答案显然已不适合现代的需要。19世纪的德国,各种哲学思潮蓬勃发展,反映了现实生活中的种种矛盾。这些思潮虽然各有可取之处,却不能解决人生观、世界观的根本问题,尤其在人生观上。奥伊肯对自然主义、理智主义、人本主义分别作了剖析和批判。他认为,自然主义把人的生活物质化、生物化，剥夺人的创造精神和思想自由，要人安于本能的生活，使人的生活受生存竞争法则的支配，丧失了崇高的理想和追求。理智主义对自然主义的批评不无道理，但它把人的生活抽象化、概念化，要人为抽象的观念或理想而奋斗，同样是片面的、机械的。至于社会上流行的人本主义，也有类似的缺点，它或者只从生活本身论生活，不能超越自身看到全体；或者只注重表面的物质生活，忽视人的生活本身，忽视精神生活。因此，新的哲学必须寻找新的基础，克服主客体的二元对立，回答时代提出的问题。

奥伊肯指出，整个问题的关键之处在于承认一种独立的精神生活及其在人身上的展现。他认为，人是自然与精神的会合点，人的义务和特权便是以积极的态度不断地追求精神生活，克服其非精神的本质。精神生活是内在的，它不是植根于外部世界，而是植根于人的心灵；但它又是独立的，它超越主观的个体，可以接触到宇宙的广袤和真理。人应以行动追求绝对的真、善、美，追求自由自主的人格；只有当人格发展时，才能达到独立的精神生活。精神生活决不会是最终的成就，因为它始终是一个随历史而发展的过程。历史的发展就是精神生活的具体化，是它由分散孤立到内在统一的发展史。精神生活的本质就是要超越自身，超出自然与理智的对立，达到两者的统一，达到与大全的一致。精神生活是最真实的实在。它既是主体自我的生活，又是客体宇宙的生活。精神生活乃是真理本身，它在个体身上的展现是有层次的，不同的层次便是不同的境界。人应以自己的全部机能，不仅以理智，更需要以意志和直觉的努力，能动地追求更高的精神水平。奥伊肯认为，道德生活和宗教生活是人的精神的最高境界，而宗教的力量在于把生活的重心从理智的世界转到道德世界和人格世界。但是他对旧宗教、旧教会非常反感，因而主张用以人格、道德为中心的新宗教取而代之。他希望更新后的宗教能够通过追溯最深刻、最终极的东西来确保精神生活的存留与胜利。他希望实现这样的社会：它摆脱了必然性的压力，并以体现和珍视一种独立的精神性为己任。它的职能是尽可能地在人们面前保持一个精神自由王国，捍卫其理想和价值标准，并造成一种与之相适应的精神氛围。如此方可望恢复生活的真正意义与价值。

奥伊肯围绕着生命、心灵的精神生活、超越的基督教、宗教民主、自由这些基本观念构造的哲学，虽然充满热情，不乏雄辩，却很难克服旧唯心主义和旧宗教的致命弱点；它的伦理学能动主义，也未能解决缤纷繁杂的思潮面前现代人的思想危机。作为在19世纪转折时期曾经极为走红的生命哲学中的一支，奥伊肯的精神生活哲学在20世纪20年代以后便同其他生命哲学流派一样，随着欧洲新哲学思潮现象学运动和存在主义的兴起而衰微。今天，面临又一个世纪转折时期，译出奥伊肯的这一著作，谨为思想史研究提供一份生动的资料。

赵月瑟

目 录

英译本序 ·············· 001

前言 ·············· 001

导言 ·············· 001

今日问题状况 ·············· 006

旧有的解答 ·············· 007

  宗教 ·············· 007

  内在论唯心主义 ·············· 013

现代的文化 ·············· 022

  劳动 ·············· 022

  实在论的生活图式 ·············· 030

    对生活问题的自然主义解答和理智主义解答 ······ 031

    纯粹人本主义的不足 ·············· 050

回顾与展望 · 070
先前探索的结论 · 070
错综复杂的现状 · 078
预言一种肯定的解答 · 084

试图重建 · 093
根据 · 093
主题 · 093
展开 · 107
努力保证生活的稳固基础 · 108
自由与首创精神的成长 · 111
对自然人的抑制 · 118
疑点难点讨论 · 138
总结 · 154
用于现代生活 · 164

附录 · 174

英译本序

本书的德文原版在它自己的国家很受欢迎。1908年出版，初版大约4000册已经售罄，并要求印第二版。这一特别的成功表明奥伊肯教授的著作在德国所享有的普遍尊重。他的一本篇幅更大的著作，现已译为英文，题为《人类生活问题》，已经售出10000册以上。

奥伊肯作为一位思想家的影响早已超出了他祖国的疆界。他的著作已被译成许多外国文字，包括法文、意大利文、瑞典文、芬兰文以及俄文。在我们国家，最近一段时间，《时报》、《前卫》和《问询报》就奥伊肯的著作发表了高度赞扬的评论文章。《前卫》的评论员这样写道："看来，在下一个10年，奥伊肯很可能成为唯心主义道路上思想游历的主要向导。"

人们对奥伊肯的哲学作了各种各样的描述，如一种"新唯心主义"，"宗教的"或"精神的"唯心主义，以及一种"能动主义"。它的主要论题（引用他一本尚未翻译过来的著作的题目）是"为精神的生存而斗争"，而它的主要信条则是，倘若没有一种与我们自己密切交流的独立的精神生活，斗争便不可能有任何意义与价值。"内在"与"独立"这两个概念不容易界定，不过应当指出，根据奥伊肯的观点，我们内心的精神生活的内在性同时意味着它对我们的超越性和独立性。正由于它亲密地寓于我们之中，精神生活唤起我们对它自己独特的标准、价值观以及义务的尊崇；同时使我们确信，它的权威，虽然只有相对我们的自由而言才是精神的，却并非由我们自己造成，而是凭它自身的权利生存。

这一本质上属于精神的基础的发展，要求一种广阔的历史视界。倘若要超出我们的有限性并理解我们作为人的真正无限的本性，就必须回头看看历史的经历，设身处地重温世界为精神的生存所作的英勇斗争。我们必须研究人类精神的伟大运动，直到能从它们富于启发的多样性中看出一种独特的精神需求相互联系、循序渐进的表达。那时我们将发现，当试图在一个广阔的历史的范围里解决人类生活问题的同时，我们也解决了我们自己的问题。

如此理解的精神生活，乃是了解奥伊肯哲学的关键。它能解释为什么他的哲学能够既是一种神秘主义，又是一种能动主义，同时还是一种人本主义。这种"新唯心主义"是神秘主义的，因为它强调精神生活的实在性与直接性，强调人神之间的亲密联系；它是能动主义的，因为它坚持一切精神交流都是对我们道德本性的挑战，而且只有当我们诚挚地把它的价值观作为支配我们行动的权威时，才能作为一种灵感保持下来；它是深刻的人本主义，因为它具有广阔、深邃的历史洞察力，也因为它把我们人类的幸福与这些精神价值观的支配地位紧紧联系在一起。

奥伊肯的生命哲学，根本上是一种经验哲学，也是一种关于实在的哲学。它是一种人生观，同样也是一种世界观，虽然世界观由人生观所决定，而不是相反。精神世界因我们精神上的忠实而创生、而持存：它是人尊重精神生活的价值与理想的结果。

最后，我们要对作者表示衷心的感谢，因为他慨然允诺审读全部校样。另外，我们还要指出，根据作者自己的建议，译文有两处与原文略有不同。第一处更动的范围在第 11 页（中译本第 13 页）的脚注中作了说明。第二处更动出现在第 143 页（中译本第 169 页）上，原文中"我们反对把人格当作包医时代百病的灵丹妙药的倾向"这句话，换成了现在文中所用的话。

L. J. 吉布森

W. R. B. 吉布森

前　言

在论述生活的意义与价值这个问题时，我们的主旨是要使个体清楚地意识到现今的种种精神问题，并在这些问题上予以合作。对任务的这一构想，给我们的哲学方案规定了某些限制；不过在这些限制的范围里，启蒙仍然有其地位，这一点随着工作的推进将会变得显而易见。在某些人看来，论述的第一部分即以批判为主的部分也许拉得过长。但是只有表明我们的主要论点乃是达到目标的惟一道路，才能令人信服地展开我们的论述；而证明了我们的论点，才有可能重建生活与复兴文化。为了达到这一目的，批判的论述是不可省却的。它不是附加成分，而是必不可少的。

鲁道夫·奥伊肯
1907 年 12 月于耶拿

导　言

人的生活可有意义与价值？在提出这一问题时我们不存任何幻想。我们知道我们今天不能摆出拥有某一真理的样子，而只能去逐步展现真理。我们面对的问题是个仍未解决的难题，但是我们不能放弃努力不去解决。我们现今的时代对解决这个问题毫无自信，关于这一点，必须更详细地予以阐明。不过要表明这种自信对我们必不可少，倒无需任何精妙的论证。我们容易受到形形色色的影响，为无穷无尽的问题所困扰，而在这一片混乱之中，很难看出任何统一的意义或目的。何况，生活并非仅是空闲的游戏；它要求辛苦、劳作、克己、牺牲。这种辛苦，这种劳作，是否值得？整体的利益能否补偿局部的危险与损失？它能否肯定地向我们证明生活值得一过？这不只是个纯思辨的问题；因为倘若没有对某种崇高理想的信念为我们的一切活动注入热情与欢乐，我们便不可能获得生活的最大成功。

诚然，在某些时期这个问题可能处于潜伏状态。传统和社会要求设立了确定的指导路线，摆在我们面前的目标的正确性是不容置疑的。但是，倘若一旦产生了疑问，倘若人们对支承整个结构的假设表示怀疑，信念的颓坏便如烈火肆虐，四处蔓延。我们越是苦思冥想，问题越是变得复杂难解。当我们想要去证明，生活虽有其种种表面的混乱，却仍然具有某种意义与价值，而且可以满怀信心地宣称它值得一过时，似乎过于自不量力。怀疑造成瘫痪，侵蚀了我们时代的生机。我们看到的明显证据在于这一事实：虽然取得了一切令人惊异的成就和持续不断的进步，我们实际上并不幸福。没有一种普遍的信任感和安全感，相反，倒有一种强调人的微不足道、蔑视人在宇宙中地位的倾向。较为仔细的考察表明，人们为了统一生活在作真诚的努力，然而，即使如此，所用的方法也是迥然相异，甚至截然对立的。可供选择的制度，可供选择的理想，在性质上根本不同，却同样要求我们去拥护。而既然其中没有一个明显地、使人信服地优于其他选择，相互冲突的倾向与标准便依然是当今的常态。在某人看是至高的善，对另一个人却是绝对的恶；使第二个人充满激情的东西，第一个人却认为怎么谴责都不为过。因而，面对局部工作的丰富成果，我们却不得不处于一种可悲的境地，无法把生活作为一个整体来对待，对于所追求的目标和所走道路的性质越来越没有把握。形势迫使我们考虑这个问题：面对着黑暗、怀疑和否定，我们是否还能从生活中找到某种价值与意义，冲突的要素是否终将会服从某种伟大的建设性的理念？

除非我们准备把生活看作一个整体，否则这个问题便无法解决；惟有看作整体才能够对其价值作出判断。但是应当如何把它作为一个整体来理解呢？不错，我们必须作这种尝试，我们对幸福的向往要求这样，这乃是有理性的人的渴望，他不能完全沉湎于流逝的瞬间，而必须追求某种包罗一切的目标。然而，无论这种要求有多强烈，无论推动着它的激情有多深沉，不超越人类的特殊范围便无法满足它。因为人的生活与宇宙的生活无可解脱地连在一起：人必须弄清他在宇宙中的地位，并据此来调节他的活动，而避免耽溺于任何有悖于万物之理、有悖于他自身的诚实本性的幸福。那么，人对幸福的渴望与真理的要求有办法调和吗？真理与幸福的这种调和，无疑是所有试图坚持生活的意义与价值的人所怀的梦想，至于这种梦想是否有可能实现，则是另外一个问题。不管如何，这个问题始终存在，并迫使人们注意。它并非由哪一个人发明出来。它乃是时代最深层意识的结果；乃是我们现在这个发展阶段不可避免的产物。人类如此关心的迫切问题必定也是一个哲学的问题，所有人都会承认这一点，视哲学为笑料者当然不在此列。

我们很自然地从批判我们自己的时代所必须提供的问题的解答开始。虽然普遍的思想混乱使我们不能指望从中发现任何真正令人满意的东西，但是，若说它们之中不包含任何真理成分的话，那便很难想象，它们会被如此详尽地阐述，并赢得如此广泛的赞同。毫无疑问，它们为我们记录了人类经验的某些形式；给了我们有关问题现状的广阔视野；而且，也许正是由于其不尽人意，它们可能把我们的思想带到一个关键性的岔路口，同时指出我们自己应当遵循的方向。

今日问题状况

很难否认,现今的人,无论是对他自己,还是对其生活的意义,都没有确定的信念。这不仅在于他总是反映出环境的形形色色差异,而且他的整个生存被一种绝对的对立分成两半。往昔留传下来的旧传统与各种新的理想争相要求他付出全部忠诚。这些传统不仅在细节上相互冲突,而且把生活放置在根本不同的基础上。因而,凡是涉及生活的意义与价值,它们便截然对立。以宗教和内在论唯心主义为代表的旧有秩序,称颂一个肉眼看不见而只能由精神去领悟的世界的权威,对于感官生活,只承认它有派生的从属的作用,根本漠视甚至公然抨击它可能提出的拥有某种独立价值的声明。

与此相反，新的思想试图对生活作出说明，而不以任何方式诉诸另一世界。倘若不是在我们感官世界的范围内，根本就无从让人懂得欢乐与悲伤。在这里，惟有在这里，生活才能找到其统一性与意义。跨越这些界限的任何企图都只能是幻想的产物，只会毫无希望地把我们引入歧途。新旧观点都在深刻地影响着我们，而且，事实上，瓜分着我们的忠诚。我们的理想与价值标准主要由旧的思想路线决定，我们的兴趣与事业则主要取决于新的路线。最终我们将选取何者？我们将在何处寻得一种能使生活值得一过的方案？

旧有的解答

宗教

由古远的历史遗传下来的对世界的宗教解释，依然牢牢地控制着现代的思想。不仅如此，它深信不疑自己有赋予生活以价值与尊严的力量。这一信心建立在某些确定的假设之上。世界与人，即其居民，都被设想为由一种惟有信仰才能领悟的超验的精神力量所创造。人生的一切主要兴趣都集中在他与这种精神力量的关系之上,自从他被认为不再与它一致以来,更是如此。纽带已经断裂;人已经可悲地从他曾经占有过的高贵地位跌落下来。因此,他的至高无上的努力,便是恢复失却了的他与上帝的交流,惟有彻底改变内心生活方能达到这一目标。必须让道德复兴,而其中必需的第一要素便是上帝的慈爱与恩宠,它使人本来不可能办到的事成为可能。有了这一前提,还要靠人自身的努力。他不仅要下定决心皈依,忠实地护卫他所受到的恩宠;他还必须协助上帝建立其在尘世的天国。

抱有这样一种信仰,人很可能过高地看待他自己以及他的毕生工作。作为上帝形象的翻版,人处于现实世界的正中;宇宙之轮围绕着他旋转。人的行为决定了宇宙的命运,而且永世不变。此外,每个个人,虽然脱离不开神定秩序的种种事实,但是仍构成一个独立的活动中心,而且他自身便被视为一个目的;不仅如此,他的决定还是达到整体的完满所必需的,整体不能缺少其哪怕最卑微部分的帮助。

生活，如宗教所认为的，充满着忧虑、烦恼和痛苦。宇宙实在太真实，人类生存的矛盾实在太显眼，容不得通常意义上的舒适与幸福。事实上，初看起来，宗教往往是增加而不是减少世上的不幸与罪恶。但正是在这里，上帝的力量介入进来，让人脱离悲惨窘困的境地，走入新的生活，分享上帝的荣耀、完美与永恒，获得一种无法想象的喜悦的满足。善对恶的最终胜利即刻得到担保，而人的生活的每一细节都必须服从于这一伟大目标。确实，人生不易，但它的目标是崇高的，它的基础是坚实的。人生决非一场虚幻的施与。

数千年来，人们满足于这种生活。它使人们稳定地结合在一起；它为无数群众提供了精神的刺激与安慰。不过，它的有效性依赖于如下事实，即人们从未对它的基础提出过怀疑。宗教内部出现的疑问很可能使宗教热情更为炽烈，奥古斯丁与路德便是明证；而对宗教本身提出的质疑，即便不是真正摧毁它，也必将削弱它。在现代世界发生作用的正是这一更为基本的怀疑，并正日益证明它对宗教兴趣的不容忽视的影响。

最终表达出这种怀疑的批判，表面上是针对着宗教教义提出的，而它的效力主要来源于人们对自然与历史的意义所获得的新见解。但是，倘若旧的力量和热情仍然在圣坛上熊熊燃烧的话，这样的批判本不至十分严重。自信而目空一切的信仰甚至会从理性的两难困境（因谬而信）获得额外的力量。倘若效果与此相反，那是由于时代的感情已经受了一场剧变。曾经有过这样的时期，一个剧烈动荡不安的时期，宗教成了整个生活的精神推动力、主宰和权威。这便是古代终结的时期。尘世无法提供任何值得为之奋斗的目标；其精神的生存似乎是注定了的，其惟一的方法便是依靠另一个更高的世界。信仰，带着崇高的激情，紧紧抓住这另一世界，使它与人类生活密切相连，把它变成法庭，有形的世界必须在它面前证明自己，为自己的生存作出辩护。想像力也高高飞扬，有力地赋予精神世界以具体形式，使之极为生动鲜明、令人敬畏。在这里，在探测到生活的底蕴之处，人与神之间的对立被超越了；人与神本质上的一致性（这个位于一切宗教之底部的给人慰藉的真理）令人信服地显示出来。这是英雄的时代，这个时代能够改变生存的整个面貌，能把最艰难的任务视为轻而易举，能把不可能的事情视为等闲平常，能把看不见的上帝视为一切实在之中最可亲近的实在。

这样的时代对人类生活施加了持久的影响，但是时代的特殊性质不可避免要随着它们一起衰亡。因为持续不断地在这种紧张状态下生活是无法想象的。倘若这种紧张继续下去，倘若生活不回到一种较为稳定的状况，弦便会拉断。但是，随着紧张的松弛，宗教便处于一种生死关头。她已不能实现其作为生活的中心权威的要求；她的呼吁已失却其往日直接的、令人信服的力量。人与神重新开始对立；宗教的事实与经验不再栩栩如生；宗教越来越成为只是沉溺于其他兴趣的生活的装饰品。这一变化主要属于现代发端的时期，在这个时期，长期不被理会、受人藐视的自然界赢得了一种新的吸引力，以一种新的语言对人说话，吩咐他从新的灵感源泉汲取新的勇气。人骄傲地意识到他自己的力量：尘世工作的种种问题向他涌来，使他目不暇接，一切有关灵魂拯救的思考都被远远推到不引人注意的地方。他简直无法理解一种竟然能把思虑都集中在精神生活上的心理状态。如此重大的变化，势必使宗教对人生问题所作的解答受到质疑；而怀疑的提出已然意味着宗教生活中一种相应的衰落，即使其外部形式维持不变。它失却了旧日的力量与自信，蜕变为一种单纯的感情波动，这种感情从来不曾、也决不可能给生活以真正完美的满足。不管对宗教如何毁谤，不管对它提出何种异议，现在都会被乐意地倾听。特别是，人们深切地感到，事实上宗教忽视了或至多只是附带地提到生活中的许多内容。这样一条思想路线自然容易得出结论说，宗教对生活的改造实际上是一种严重的损伤。以其惊人丰富的活力包围着我们的世界，竟然得依赖一个连其自身的生存都成问题的陌生世界，实在是荒谬绝伦。"无疑"，我们仿佛听到反对者说："这是一种由远及近、由不确定到确定的方法。"当然，我们可以找出论据来驳倒他，而且我们当然无权不作进一步研究便承认流行的意见为真。何况，无可争辩的是，尽管有抗议和否认，宗教仍然是一种强大的力量。它对生活所起的激励、鼓舞作用，它所建立的等级，它所激发的追求无限、不朽与完美的抱负，所有这些都不能轻易抹煞。它们可以作为一种标准，检验人们追求真理与幸福的一切努力。但是，与此同时，事实仍然是，整个局势已经改变。不管它已经取得的一切成功，［传统式的、教会式的］①宗教，对现今的人来说，是一个问题，而不是一个答案。要向我们解释生活的意义，使我们觉得生活值得一过，它本身太成问题。

内在论唯心主义

内在论唯心主义，以其对理想的一贯崇拜，与宗教并存了数百年，时而补充它，时而反对它，并且宣称它能够避免宗教命题的种种困难，而不用牺牲任何生活的深刻意义。唯心主义像宗教一样给生活一个看不见的基础；但是，对于唯心主义来说，那不可见的，并不是与可见世界并排存在、由一条明确的分界线隔开的世界；相反，它是可见世界的根本，构成其真正的更深刻的本质。宇宙确实拥有这种更深刻的本质，使得它的种种外部形貌找到一致和统一，这既是一

---

① 方括号里的词语是根据作者本人的意见加上去的，因为它们可以使作者的意思更加明白。——英译者

切唯心主义的坚定信念，也是它必不可少的前提。根据这种唯心主义观点，人与宇宙是一个密不可分的整体。而且人在宇宙中占有一个独特的地位，被派有特殊的任务。从外表看，他属于一个可见世界，但是在内心，他已经发觉存在一个更深刻的实在。因为在他内心，世界生活首次获得了对其自由的清楚意识，不过，离开人的个体独创性与合作，这种发现是不可能的。他必须自己主动争取；他必须劳动和努力。在某一点上，一切都取决于他，因此他可以合乎情理地希望，通过发展他自己的各种能力来提高整体的福利。使这种唯心主义崇拜具有令人信服的实在性的首先是，通过与自然倾向相对的精神活动的发展，一种全新的生活，一个精神价值观念的王国，真、善、美的世界便出现在眼前。全神贯注于这些事情、完全被它们吸引的人，似乎被高举出日常生活的琐事之上，而与一个更大的世界亲密相处。他的生活显然不需要除自身之外的任何目标。它在自己的发展中找到它的意义，在成功的喜悦中得到满足。在这里，自觉与强制相对立，崇高与平凡相对立，自我实现与纯粹功利相对立。惟有藐视安乐、热心劳动，方能赢得这种生活。最具远见卓识的状态是精神上富有，特别在科学艺术领域里。创造性劳动调动起人的一切才能，使他作出合理健全的判断。不错，人最初是依靠他自身和他自己的力量；但是既然他的努力推动了世界的进步，他便开始介入他曾促进过的更大范围的生活，他的自信便也不会堕落为自欺。他怀抱着理想，并且可以满怀信心地希望实现它。

古希腊思想家正是按照这一样式来解释生活，而且其主要观念以各种不同形式一再地重新出现。从歌德的毕生工作，可以看到它最现代的表现。只要有人试图把人类经验作为一个整体来论述，便会感觉到它的影响。它对一切真正的文化具有一种持久的价值。

然而，说到它作为生活惟一的指导者和解释者的要求，内在论唯心主义并不比宗教成功多少。它的基础已被动摇，以它们为根据的生活已失去力量和深度，而这些恰是它要君临一切所必不可少的，离开了它们，它便不能给人启蒙的福音。认为实在拥有一种精神深度，凭借对我们所知世界的一种更深刻洞察，我们便能步入创造性事业的王国，这在现今的普通人看来，正和宗教的任何基本真理一样可疑，一样成问题。事实上，内在论唯心主义的信仰乃是特殊状况的结果：它们是人类那些少有的喜庆之日的产物，那时，碰巧伟大人物发现了某一合适环境的刺激因素。在这样的时期，在艺术创造的热情和喜悦中，不可见的世界成了一个明显的、无可否认的事实，成了人类生活无可争辩的中心，要求并占有人的全部精力与热忱。精神的创造同时也是一种道德行动，使人超越他自身。但是那些创造的时代过去了：人们的任何愿望都无法延长它们，也无法随意复兴它们。当其他相互冲突的影响汹涌而来时，创造性天才所开辟的前景又逐渐消逝。可见的世界不再只是一个不可见世界的展现和证明。它被认为拥有它自己的完全独立于一切精神价值的独特品性。外部世界顽固抵抗人的努力，而即便人的内心生活也并不单独对精神目标作出反应。批判地看，这种生活似乎被突然的对立所撕裂和伤害，似乎无法实现一种合理的生存所必需的组织。也许这些困难同唯心主义的精神力量一样不那么好对付，而且人们始终可能把一个严厉的检验视为对人的高尚品质的挑战。但是当这种混乱深入到内部，当人感到困惑和虚弱，当他的低下本性不让他前进、阻止他向上奋斗的时候，他的信仰世界便开始动摇，他不再认为自己能够到达终极实在。尽管他有一切进步，他最深刻的向往和渴望却仍然没有满足。整个唯心主义信念势必变成一种附属品，因为生活的主要兴趣并不在此处。它不再能为人生问题提供任何可靠的线索。

内在论唯心主义始终都得面对这样的批判，但是把它阐述清楚的任务却留给了我们时代。这个任务已从两个方面完成。首先，更多地强调宇宙的盲目必然性，人类生存的非理性，人类对真正崇高的目标总体上的漠不关心。其次，我们已经使自己牢记人类能力的局限，这些局限似乎会完全彻底阻止我们直接参与任何世界生活。现代主观主义往往把人从其发展的条件和环境中抽象出来，把他与世界对立起来，从而使他作为不同的种类而与世界疏离。如此放置之后，他确实可以无限地扩展他的领域，但是他决不可能离开它而采取一种全新的立场。创造性的精神能量如何能在诸如此类的局限之下证明它自己,展示宇宙更深刻的根源,并给予生活一种改变了的意义呢?

这些怀疑和困难虽然严重,对于内在论唯心主义的影响来说,它们本身还不是致命的。但是一旦它不再是灵感的源泉,一旦它不再以精神世界不可抗拒的力量发挥作用,它本身不再生产,而只是占用、持有或享受已经生产出的东西,它的创造能量便不可避免地退化为单纯教化。尽管教化可以作为广阔生活的组成部分而起到重要的作用,但它本身无法满足生活的需要和要求。它能够给生活增添喜悦和亮色;它能够以丰富多彩的色调装饰生活;由于大量的消遣,它能够使人愉快度日而忘却人类命运的阴暗;但是它不能激励伟大、崇高的行动;它不能使我们与一种普遍的生活保持可靠、密切的接触;它没有交给我们必须履行的重大责任,而是一切听凭我们自己的想象和爱好。既然如此,它又如何可能使生活值得一过?我们不是常常从它之中发现某种迷妄和虚伪吗?人被吩咐要热情奋发地献身于一个精神价值世界。

他被告知要"让自己参与",要像激励别人一样激励自己全心全意地服从这一命令。但是,另一方面,我们所谈的教化对整个精神价值领域持这样的看法:与自然的和社会的自我保存这些大目标相比、与日常生活的种种兴趣和热情相比,它只具有极小的或充其量第二位的重要性。教化运用一切社会技能和智谋来掩盖这一矛盾,并且相当成功地保持着表面的堂皇。但是,我们不能把整个生活建立在表面现象上;从一种仅仅是附带的信仰中,我们不能汲取克服忧患和匮乏的力量,以及摆脱无法忍受的心灵空虚的方法。这样的教化无非是第二手的生活,决不会带给我们任何真正的满足。

内在论唯心主义的诸种经验在一个方面与宗教经验相同。两者似乎都表明,竭力想达到一个新世界的努力只会引人误入歧途,它向我们展示的充满希望的前景注定被证明是虚妄的。不仅如此,凡是抱有过高希望的地方,反应相应也会过大;失败会导致深刻的沮丧和最阴郁的怀疑。自然竟然赋予人们必定会珍视、但不管付出多大努力都不能实现的希望和期盼,有这种可能吗?当他蔑视当下的感觉世界,认为它渺小，不完满，试图凭借宗教信仰或创造性洞见进入一个新的崇高的领域时，他仅是幻想的牺牲品吗？不，当然不是！没有一种纯粹的幻想能够如此地鼓舞人心，也不会如此地丰富和深化生活。

全靠宗教向我们启示了一个独立的内心世界，坚持了动机纯洁性本身的绝对价值，给生活注入了一种高尚的严肃性，使我们体验到由否定的痛苦到信仰的喜悦这一过程激动人心的紧张和趣味。是宗教打破了自然主义生活图式僵硬、狭隘的限制，唤醒了人们对爱情与不朽的莫大向往，第一次给了心灵一种真正的、精神的历史，并使这种历史成为世界历史的中心。内在论唯心主义又一次引发出人的一切力量，最大限度地使用它们，同时促使它们和谐一致地发挥作用；它使人超越个人的特定自我的渺小和平凡，与宇宙缔结一种精神交流关系，并且，通过把真与美密切联系起来，它创造了一种具有罕见力量并享有盛誉的生活类型。而这一切的结果使我们感到，许多重大的主张萦绕着我们的生活并迫切地要求承认。但是，倘若某一原则本身已经让路而它的影响依然存在，我们该如何对付此时困扰着我们的种种主张及其所包含的混乱呢？植物离开它的根，离开使它成为有机整体的一切，还能存活吗？那些离开其根基、离开激发它们的原则而存在的种种主张，能不丧失它们的本质和生机、它们引人注目的强制力吗？它们只能像苍白的幽灵徘徊在我们近旁，足以毁坏我们在可见世界的愉悦，却完全不能向我们打开另一个世界，不能为我们的活动提供一个合适的目标并为我们的生活提供一种意义。

对这些考虑人不能始终置之不理。不过他可以暂时采取权宜之计，尽可能把它远远推入幕后，而把注意力集中在别的地方。这是我们整个现时代的政策，它突出反映在19世纪从唯心论转向实在论的运动之中。厌倦种种内省问题的趋势正在增长：凭借青年人的充沛精力和满腔热情，我们专心致志于可见的世界。这个世界日益展现其丰富多彩，而且，在这里，惟有在这里，才有指望发现生活的意义与价值。由于人们的兴趣的这一转向，生活似乎失去了它阴暗的幽灵般的特征，呈现为一种生气勃勃的具体的形式。诚然，我们个人的爱好在宇宙无可违抗的规律面前必须谦卑地让路，必须作出更多的牺牲，因为，尽管有一切表面的扩展，人的内心生活却在收缩，各种限制更紧地包围着他。不过在这些更狭隘的限制之内，他过着一种完全自由自在的、宽容的生活。他不再被迫把现实分为善与恶，也不必使他的任何官能抑制和困乏。他可以不打折扣地实现任何一种冲动，无所顾忌地发展任何一种能力。那时，重新组织生活难道还不可能吗？其次，尽管旧制度以它从来不能保证其兑现的诺言使我们失望，难道我们就不能从这种新的综合中找到乐观主义的真正理由吗？无论如何，人类已经竭尽全力来回答这个问题。这种尝试的历史表明，它已经历了许多不同的阶段，并采取过各种各样的形式，下面我们就对它们进行考察。

现代的文化

劳动

无可争辩的事实是，现代的进步，往往把生活兴趣的中心从不可见世界转向可见的世界。但是就我们讨论的问题而言，这一转变有过两个阶段（一个缓和些，一个剧烈些），我们必须警惕，莫把两者混淆起来。从一开始，可见的世界便是兴趣的主要对象，但是人类如此长期的辛苦并非一无所获。从其劳作中已经产生一种很有成效的记录，即一个过着自给自足生活的独立的主体。于是，在人与世界之间产生了区别。与传统观点对立，这一区别变得越来越明显，以致人们如此明白无误地说道：以后的主要问题，在于确定人与世界如何相互联系。正如在第一种情况下，为了真理和明确性起见，有必要在人与世界之间设置一道鸿沟一样，现在变得同样必要的是跨越这道鸿沟，与一个不再为人类偏见所歪曲的世界重修旧好。人们自然地期望，与世界的重新联合将会产生强有力的刺激，而且，不仅如此，一个全新的生活将被打开，它将使可见的世界比在先前的时代发挥远为重要得多的作用。这一期望已经实现。世界不仅以我们梦想不到的方式向我们展示了它的秘密与历史，而且允许我们把它塑造得越来越为我们所用。对于环境，我们越来越抛弃过去的被动态度，以推进一种主动的关系。我们发现，一度被当作不可变更的命运来接受的事物的现存状况，是能够加以转变和改善的。无论何处出现苦难与贫困，错误与幻想，现代精神都勇敢地发出进攻，并寻求一种根本的救治。理性对非理性的斗争在一切有争议的地方展开，由此出现了无穷无尽的问题和可能性。现在，这种新生活的中心是劳动，即抓住一个对象并按照人的目的来塑造它的活动。这个过程在严格的现代意义上是不可能的，除非我们调整自己，做到越来越精确地符合所处理的对象的性质和规律，彻底地与之同化，以致我们的劳动本身呈现一种客观的性质。因此，不仅在科学技术部门，而且在政治实践的领域，劳动开始不受劳动者的主观意见和倾向的支配；它建立起自己的各种联系，发展出自己的规律和系统，从而给予劳动者一个稳固的立足之处和持续进步的可靠前景。于是，在这些变化了的环境之下，倘若生活要有任何意义的话，只能从一个源泉即劳动去获得。而且劳动看来确实能够提供这一意义：它的组织使人的行动效率无可比拟地提高，强化了个体和瞬间的贡献，使我们深深意识到世界范围的团结。各个时代，像个体一样，作为一个共同的任务的组成部分而连结在一起。我们知道自己的重要性，同时也知道自己的局限性。今天如果哪个地方看似走投无路，那也无需泄气，因为劳动把越来越广阔的可能性摆在了我们面前；而且，与命运搏斗这一事实本身已足以减轻命运铁手的压力。于是我们有了一种强劲有力、直截了当、富有意义的生存，从不试图突破它有限的范围，安安稳稳地回避宗教与形而上学的复杂问题。试问，人类生活难道不能从某种这样的图式中找到充分的意义和满足吗？是的，我们回答，也许能找到，如果心灵能同意占有一个次要的地位，如果我们能停止尝试统一我们的精神经验，甚至扼杀对这种统一的渴望的话。但是，由于这并非易事，我们立刻面对一派混乱，使我们对劳动的价值产生疑问，并拒绝人们提供的答案。在开始的时候，人把全部精力投入劳动，并为取得的成果而眩惑甚至陶醉。至于他的内心生活并未得到相应的充实，对此他从未产生过片刻疑虑。然而，随着劳动变得越来越重要，并且更加有力地坚持它对劳动者的权利时，他就不可能不对此产生疑虑了。物质成果与心灵的要求之间的矛盾变得日益明显。心灵,从来不满足于单纯的成果,必须要回到它自身,问它自己的内心生活得到了怎样的收获;因为它不能不把这一内心生活视为目的,与它相比,其余的一切都是次要的。另一方面,具有巨大复杂的组织的劳动,对劳动者的福利漠不关心,他仅仅被看作一种手段,为了实现劳动的目的而被使用或被搁在一边。他只是一个工具,一个具有意识特征的工具。但是,心灵能够容忍被这样对待吗?在抗议这种贬黜时,不会产生对一种更幸福、更高贵生活的强烈渴望吗?而且反抗还有另外一种根据:越来越细的分工和专业化,意味着人的全部能量中只有越来越小的部分得到发挥,其余的都被闲置不用。但是为了心灵的幸福,必须让它的一切能力得到发挥,如此之多的功能的发展受到抑制,必定被看作不可容忍的损失。另外,心灵需要时间以便安静、持续地发展,而劳动却把生活变得匆匆忙忙,不容喘息,不知道休息和停顿。因此,心灵毫无踌躇地开始把劳动看作敌人,并且拿起武器,进行自卫。我们这个时代的社会运动清楚地暴露了接踵而至的困惑和不安。不过问题并不限于社会范围；它影响了生活的所有方面。到处都有同样的忧虑，惟恐由于过分专一地献身于劳动，会使我们赢得了世界却失去了心灵，惟恐劳动的胜利竟会意味着一种生命力的降低，一种责任感的削弱，以及必然产生的一种精神生活的贫乏。

由于这一裂口贯穿我们的整个生活，生活价值的问题成了无望解决的难题。在一段时间里，我们可以用劳动来抑制思想，但是不能仅仅为了劳动而无限期地劳动下去。伏尔泰的处方——去劳动，而不要问为什么——倘若付诸实践，会把我们变成驮兽。倘若到头来，劳动不能达到整个人类的善，它于我们又有何益呢？何况，对我们今天地位的考虑非常清楚地表明，劳动的进步甚至无助于个人去占有实在：心灵与世界没有结成一个活生生的统一体。整个心灵也没有把世界作为整体来向它挑战，与它格斗，力图使它整个地臣服于自己。相反，事实上，对象世界对于心灵来说，仍然是陌生和疏远的，尽管有它一切狂热的活动。我们的努力没能赋予生活以内容，与宗教、艺术、哲学等精神创造特别有关的各种能力，受到最可怜的挫折和压抑。

于是，在劳动与心灵的冲突中，生活被撕碎了，我们处于一种无所适从的不安境地。在许多可能的出路中，由现代运动主流所提出的方法首先吸引了我们的注意力。这里指的是，尝试比主张劳动法的人更严格地把生活限制于直接的生存范围，在这个范围里，可以完全一致地组织生活，让它接受一个主要目标的指导。这一运动的领导者把我们无法忍受的混乱主要归因于：旧的制度对我们仍有支配力和影响，它们与现代精神截然对立，造成了生活中的冲突。他们要求，所有这些旧体制的痕迹都必须彻底清除，从此以后的生活内容必须完全由感官经验的世界提供。

这样一种要求首先使问题变得紧迫起来，迫使人们必须明确地选择一条路。对现代生活最有力、最典型的概括，莫过于它最喜欢的论点，即它有可能为生活找到一种意义与价值，无须求助于另一个世界；我们不需要超越直接的生存范围，不需要假设一个在幕后的观念王国，也不需要到这个世界之外的任何地方去寻找我们所追求的善。这一论点的宗旨是把生存建立在一个始终如一的基础上。在这个平常的世界，不同于任何别的地方，我们看到无数个体怀着同样的兴趣和希望结合在一起；因此，这里是灵感的最主要源泉，是现代运动获得进步和改革所需要的力量的地方。这是一种坚决的尝试，要把生活完全地扎根于我们脚下的世界而不放弃它的意义与价值；这种尝试会不会成功，它会不会在实在本身发现使之毁灭的暗礁，只能由生活自身的全部经验来决定。在这个重大问题上，一切都悬而未决。如果所说的尝试证明不能成功，那么，我们或者必须放弃寻找生存意义的一切希望，或者必须寻找将使我们走出单纯经验范围的道路。这个问题显然要求仔细而公正的考虑，因为它不仅与个体的利益有关，而且与整个人类的利益有关。我们在此面对的，不是人的时尚的无常变化，而是历史潮流不可阻挡的压力，它不管任何特殊时代或个人的意见和倾向，坚决开辟自己的道路。旧的唯心论的解答已经失去其确定性和直接性，否认这一点是愚蠢的。从现今一般人所能提供的新旧混杂中，即各种相互冲突的趋向所造成的混沌中，我们无法获得一种生活的意义,这一点也日益清楚。于是,试图通过采用一种首尾一致的、彻底的实在论来达到目标,便有了充分的历史理由。至于它是否一定能成功,实际上是另一个问题了。

实在论的生活图式

于是,问题在于按照直接经验的观点统一生活:倘若可能,赋予它一种意义;并且,特别是,超越难以容忍的主体与客体的二元论。现代思想沿着两条不同的路线探讨了这个问题。它或者竭力寻找一种超出纯粹主体的生活,一种世界性生活,这种生活把人完全彻底地包括在自己的存在之中,而不给主体丝毫的独立;或者使主体自身成为起支配作用的控制因素,而世界则被认为仅仅是提供了环境,仅仅是为保证人的幸福服务的手段。我们将立即看到,这些选择中的任何一种都可以进一步划分,从而对生活作出各种不同形式的描述。同时,我们还将看到,这些描述中没有一种仅仅是理论与反思的产物,相反,它们全都是影响深远的历史运动的活生生的结果。

对生活问题的自然主义解答和理智主义解答

随着宗教的解答和内在论唯心主义的解答逐渐失去其力量，自然对于人来说变得越来越重要，终于构成了他的整个世界和他的整个存在。我们说的并非自在的自然，对于现代思想来说，自在之物仍然是莫名其妙、不可思议的秘密；而是按照某种观点即按照机械因果论的观点呈现在人面前的自然。尽管自然科学实际上并不主张世界与自然的等同（这不是科学的理论，而只是一种自然主义哲学的信条），但是这种信条的根源却仍在于科学的发现，并且今天用自然主义的精神解释科学的趋势正在增长。肇始于启蒙运动的现时代，以自然与心灵的断然分离为起点。对于一个没有心灵的自然的要求越急切，认为心灵应当有自己的生存权利的主张便越强烈。但是从一开始，自然的广阔无垠就远比许多分散的个体壮观得多；而且，随着自然的领域不断扩展，心灵必不可免地将被拉到它的范围里去。不仅心灵的经验的生存已被越来越清楚地表明依赖于自然的条件，而且有一种侵吞它的本质、最终把它完全纳入一个扩大的自然主义框架的企图。有一种不断增长的趋势，要把科学等同于自然科学，把实在等同于自然。倘若仍然感到有任何差异存在的话，似乎也将在机械进化论稳步发展的情况下，与该解答势必引起的种种怀疑一起消失。机械进化论要求把人完全同化于自然，同化于毫无内在的聚合原则、不具备自身自发性的自然。因此，试图给被视为自然过程的组成部分的人类生活一种价值，试图表明它确实值得一过，便是合宜的，而且实际上是不可避免的。

然而，尽管有一切历史的理由，这种试图势必触犯我们某些天生的内在倾向。人们综合了许多考虑才提议在自然与人之间划一道截然的界线。其中不仅有人对自己的自我感觉这种极其自然的（即使不是完全正当的）动机；而且还有由此提高他自己，刺激他的能动性，把它引向崇高目标的希望。实际上，突出人的特殊地位这一事实本身便似乎证明了他的尊严和高贵。相反，把人完全同化于自然、把他的生活当作仅是一种自然过程的人，则必须面对和克服由于珍视人的独特性而产生的敌意；但是为了有效地实现这一目的，必须使他相信，这种敌意不过是已经衰落的制度不情愿消逝的最后抗议，而且似乎因它的推翻而承受的损失预示着一种真正的获得。这里，一切还是取决于论点的真实性。倘若它是真的，它当然会有说服力，足以压倒一切自然的偏见。

但是它能经受真理性的质询吗？这一图式为人性的各种力量和各色经验留下了余地吗？它能全部容纳它们吗？自然主义，宽容开通，无疑有许多优点，对现代思潮有强烈的吸引力。它似乎避免了二元论的一切困难，并使生活变得简单而直接。人被吸收到巨大复杂的组织中，并有幸分享其财富。于是，他自己的生活获得了可靠保证，并服从于一种不可避免的必然性。曾经笼罩着他的生活的薄雾开始消散，它又重见天光。此外，这一新的秩序要求我们精力旺盛、斗志昂扬。它要求我们投入激烈的战斗，反对关于来世的根深蒂固的幻想和愚昧。由于这种幻想曾经广泛流行，它动员我们从生活的一切领域彻底驱除它，并按照新的思维方式重建生活。我们很清楚，这个信条对于许多当代人具有何等的吸引力，对于谋生艰难的大众具有何等特殊的感召力，让这种模糊的总体印象确定其信念的最终形式，本是他们的天性。

当我们着手更仔细地研究时，自然主义便开始遇到困难。我们很快发现，它以一种特别有限的方式描绘生活。它排除的许多东西，毕竟并不只是过时的信仰和纯粹的幻想、迷信的回声。一个完全按照自然秩序的机械要求堆积起来的生活，使自己成为毫无有机联系的一连串孤立的状态。那里的联系纯粹是外在的，仅仅是相加和并列；那里没有内在的联系原则。竞争个体之间的生存斗争是生命进化的规律，而生活本身无非是这种斗争引起的相互作用的系统。没有一个个体能够越出他在这个系列里的位置，因而所有生活都缺乏独创性，都是依赖性的。那里没有独创性、独立性和自由决定的任何地位。我们对于任何事情所能说的只是它发生了。不可能提出这样的问题，为什么？何以会？也不可能有任何像善与恶这样对立的价值观，有的只是力量支出的多与少。

今天，很难否认，人的生活有相当部分符合这一描述，而且即便我们的精神生活（在比以往设想的大得多的程度上），也只是物质生活的延长。但是仍然存在一个问题：这是否便是全部事实和对整个生活的公正描述。倘若生活没有内在的凝聚力，倘若它的运动只是对外部刺激的反应，而缺乏一切自由的能动性，倘若它完全成为一系列外在的关系，成为仅仅是对不断变化的环境的适应，那么，不仅宗教在劫难逃，一切道德和正义也同样要毁灭。艺术和科学变成只是一连串冷漠的感情和观念，诸如人格、个性、气质等所有这些概念，都成了空洞的言辞，正像对宗教的各种坚定信念一样，只是幻想和迷信的产物。此外，在自然主义的图式里，向我们的能动性挑战的任务是什么？我们是否有资格使用"任务"和"能动性"这些词？自然在我们内外追求一种持续的发展；不可抗拒的力量支配着她的每一步行动。实际上并不是人在行动，而是某种东西，某种与他的天性根本不相容的东西，在他内部行动。他的意识只能记录和观察做过的事；它既不能创设也不能改变任何东西。因此，虽然人有其自然天赋，倘若他不被迫努力以使其生存摆脱谬误和幻想的话，他将只是一个旁观者，只是真正实在的一个影子。自然主义所能提供的使人努力的惟一刺激是，要求人与人的任何超越自然限制的企图对抗，号召人积极投入与人的偏见和迷信的战斗。倘若一旦赢得了胜利，倘若完成了启蒙而人被放回了他在自然中的应有位置，那就很难看出他还有何事可干。他的内在发展将终于停止，所有进一步的成就都将属于自然，而不属于人的意志。于是我们真正的最高努力目标将无异于彻底消灭一切精神生活。

那么，对于人这个历史长期发展的产物来说，回到他的自然的原始状态，剥夺使他成为特殊的人的一切，并指望借此实现他的根本天性和满足他对幸福的渴望，这有可能吗？我们怀疑这种可能，理由是（倘若没有其他理由的话），回归自然，这个愿望本身表明了一种精神气质，它与单靠自然所能产生的任何东西迥然不同。为什么对回归自然如此热情？为什么这种复归会被视为生活的主要目标？当然是因为它被看作人获得幸福和追求真理所必须的。但是对人来说，设计并贯彻这样一些目标，却不把其追求与对象统一在一个独特经验里，这有可能吗？而统一岂不意味着，生活不再只是一个各元素外部相联的系统，它已发展了一种精神的内在性？不仅如此，真理这个观念本身，岂不已经有效地超越了赤裸裸的事实的范围？倘若一个人的主要兴趣和愿望是真理，他本身必定不只是自然的一个碎片。此外，为真理和幸福而进行的斗争，把我们的生活卷入了尖锐的对立，这是自然（凭借其缓慢地积累的进步）所既不能理解也不能容忍的。倘若拥护自然主义的人看不出他的行为与他的理论抵触、矛盾，这只证明，他是如何本能地受到英雄时代遗留给他的精神氛围的影响。面对感官世界，人渐渐地建立起一种精神秩序，依靠它超越了他的自然生活。不错，他的精神生活比过去更多地受赐于自然，更紧密地与她联系在一起；但是这丝毫也不意味着它仅仅是自然的产物。因为这不仅对文明来说会是致命的，对科学和一切精神性的组织也是一样。倘若一个体系越是前后一贯地加以阐述，便越是表现出自毁性，倘若它的形式与内容截然对立，它怎有权利向我们解释生活的意义呢？总之，在自然主义如此热情地向我们推荐的这种生活中，它有什么可提供给我们的呢？它向我们指出，与广阔无垠的宇宙相比，人的范围无限狭小而无足轻重，宇宙从一切方面包围着我们，对我们的行为绝对无动于衷。它向我们指出，人不能接受内在的友谊，不能接受互爱和尊重，无法抵制自然本能的命令，他们的行动受一种主导思想即自我保存的影响，这一动机使他们卷入越来越冷酷无情的竞争，无法以任何方式导致心灵的幸福。作为对它拿走的一切东西的回报，自然主义惟一能提供给我们的是，从幻想和迷信中解放出来，以及对人与自然的一体性的清楚认识。但是，无论这样的教导有多宝贵，它又如何能导致品格的高尚？它又如何能滋养人的内在生活和促进精神个体的发展？它能给人以额外的力量吗？它能使他与他的伙伴或与宇宙更亲密地相处吗？它能容许他有任何形式的首创性吗？倘若不能，它还能向我们证明生活是值得过的吗？当然不能，除非我们的要求非常低，或者我们的思想不彻底，再不然，除非我们实际上偷运对手的论点，慢慢转向他们的立场。凡是按照逻辑思考并得出结论的人都会发现，自然主义毫无结果：他会发现他只能否定和失望。正是由于它强烈反对它所认为的迷信和幻想，自然主义才能自欺，看不到自身的空洞，看不到自身缺乏任何精神创造力。

因此，自然主义作为对生活的一种解释是不恰当的。不过，至此我们尚未对它所声称的以直接经验的事实为依据提出争辩。而只要不对这一声称提出争辩，精神劳动的一切成果，便很可能被看作只是次要的和补充的。但是我们今天如此绝对地相信，感官世界果真为生活提供了最直接最可靠的基础吗？它无疑是直接的和无可争辩的，只要我们完全沉溺于感官印象和感官知觉，只要我们不思考，或者只要我们的思想仍然受感官世界的监护，永远不独立。在很大程度上，人的思维确实仍然受着监护，而只要它接受监护，便永远不能跨越自然秩序的限制。经验告诉我们，即使在这些限制的范围里，智力也能得到相当的发挥。动物世界不乏精明、狡诈和机灵。不过这样的智力所做的一切，是供给我们自我保存的武器；它有助于个体或种的延续；但它不能使我们逃离自然的机械程序，开辟通往自己选定的目标的新道路。以这种有限的意义理解的智力，与任何身体的优势恰好处在一个水平上。狡诈、精明之于某个动物，犹如锁子甲之于另一个动物，或轻快、敏捷之于第三个动物。在很大的程度上，这对人也适用。人的智力，一开始只是使他能够承受残酷的生存斗争的武器。不过它又不止于如此，因为它能够摆脱对感官世界的依赖，让自己面对着它，从外面审视它。这便是我们人的思维的重大发展。无论思想在独立的第一抹曙光里显得如何朴实无华，但微小的火花会忽然爆发成烈火四处燃烧，并将熔化感官经验的固执僵化。我们能不看出这一革命的重要性吗？人不再只是限制他的思想的自然的一个部分；他能够从外面端详她，把她作为一个问题来研究：他体验着自然并借此使自己超出自然之上。倘若他的思维器官只会接受和依赖，他不可能做到这一点；但是，通过我们已经指出的那种方式的活动，它发现了一种与自然显示的生活根本不同的生活。不，不仅如此：这样一种发展的显著效果是，彻底颠倒了以往的位置，现在为生活提供出发点和基础的是思想，而不是自然。思想满怀信心地、理所当然地声称自己具有真正的直接性，并且不承认任何它无法使自己信服地弄明白的东西。于是它成了一切事物的标准和法官，感官生活的重要性则大大减弱，变为非实质的和成问题的，并被降低到纯粹现象的地位，其真相首先有待于我们去发现。这一立场的改变并非只影响个体的生活。就是这种对感官经验的超越，就是这种生活方式的革命，表现了整个人类进步的特征。它既是一切真正的文化的前提，又是其结果。因为，倘若思想从未摆脱感官的影响并进而反作用于它们的话，怎么可能有任何真正的文化，甚至我们怎么可能想象到它的存在？

在其进步中更新着生活面貌的思想的前进，乃是我们现时代的显著特征。思想骄傲地、旁若无人地面对着世界，提出某些极为严厉的要求——出自它自己本性的要求——并且毫不妥协地坚持要整个现实服从它们。这向旧的生活秩序发动了革命。思想现在是一位疾步飞走的先锋。它强调理念和原则，从而使生活摆脱以往的旧习，并力图使它表现它自己内在的需要。给予现代运动以力量和热情的，首先是这个事实，即它们体现了为实现各项原则而进行的斗争。甚至为了提高物质繁荣水平而作的努力,也是从激励它的各种理念和原则才获得其主要力量和影响。我们的全部感官生活由一个理念的王国支撑和控制着。

于是我们无法否认,在思想功能的这一发展中,有一种典型的、强有力的运动,影响着整个人类社会并渗透到个体的私人生活中。然而,这一运动与自然主义的信条尖锐冲突。一方坚守着自己的阵地反对另一方,结果生活被拉向两个对立的方向,受两种截然不同的动机推动,丧失了一切意义的统一。

我们已经看到,自然,当她引起现代人的注意时,纯粹是一个无情的事实的王国,按照自然主义的信念,我们的一切运动都应当盲目地屈从于它;甚至科学也不该解释它,而只能描述它。相反,思想则追求产生它自己的内容,或至少用它自己的活动去充满它。因此它必须坚持对事物作出解释,并追溯它们的起源。无论一个事实看上去多么不可变更,思想都力图打破它,改造它,而不承认任何最终的不可逾越的界限。凡是把全部生活看作确定了的并具有自然那种永恒性的，对于思想必定是一种遗憾的（倘若不说致命的）限制。至少，它必定从下述事实发现一个严重的矛盾：人莫名其妙地必须把实在的某个部分称作他自己的，把它叫做他的自我，关照着它的愉悦或痛苦，为它承担着善或恶的义务，却不曾被提供任何影响和控制它的力量。因为，作为一个纯粹自然的存在，人无非是扮演指定给他的角色。然而，作为一个思维的存在，他无法接受他的生存像动物般质朴的种种事实。他不能不比较，不能不沉思，不能不发问；而且，倘若他的问题找不到答案，他会感到丢脸。仅仅由于这个事实，即它能够提出这些问题和造成这些冲突，思想已经证明了它对自然的完全独立。

一种进一步的证明是由思想本身的基本性质提供的。我们已经看到，自然，根据我们劳动世界的机械要求，无非是特殊的状态和事件的并置与对立。相反，思想实质上是把具有多种形式的东西包括在一个统一体中。它能够拟定一个总的方案，一部分一部分地实施它，对统一性的要求被贯彻到它所接触的一切方面。个体通过它与整体的联系而获得意义与价值。进步并不在于通过增加项目使系列延长，而在于从一种体系向另一种体系的富有启发性的转变。随着思想成为有系统的整体，相应的，它把有系统的秩序的要求贯彻到生活的每一个部门。面对着新鲜经验的不断涌入和思想本身对无限的强烈偏见，要始终如一地贯彻这一要求非常困难。但是不管怎样，这个要求仍然是一个广泛的、影响深远的运动的主要动力。而且追求内在一致性的努力本身表明，生活已经发展，超出了自然的纯粹外在的联系，而思想已经证明它自己是一种独立的力量。

还有另外一个方面，使得理智的体系与纯粹自然的生活状况发生冲突。后者找不到本质这个理念的地位，而对前者来说，它是至高无上的。现代科学关于自然的概念，以完全排除一切内在的存在物和力量为前提，就实在被按它的标准塑造而言，生活必定采取一种外部的观点，忙于外部的联系，无暇顾及它本身和它自己的状况。相反，这种自我关注乃是思想的一个显著特征。思想活动的主要动力是追求彻底和清晰的强烈愿望。无论它是忙着从它的断言推出其充分的逻辑结论，还是忙着反对各种矛盾，它同样全神贯注于它自己的状况。很显然，生活在这个水平上获得了自我直接性，不激起对这种直接性的要求，思想也不可能在任何地方活动。一种完全朝向其他地方、朝向外部的生活，在它看来将是难以容忍的肤浅。

这些繁多的对立深刻影响了生活和实在的基础，它们的相互冲突的要求使我们极度困惑。很清楚，即便是直接的感官生活（我们曾指望在那里找到安全的泊地），也可以作双重解释，即它可以以两种截然不同的方式来理解，涉及两种截然对立的行动目标。出现了两种类型的直接性：一方面是感觉的直接性，另一方面是思想的直接性。各方都声称是生活的主要支柱；只要对方不上场，各方都觉得安全、可靠，不怕抨击。然而，哪一方都不能永远维持其霸权，也不能完全地无保留地支配人。摆锤总是从一边荡到另一边。我们看到思想如何解脱它与感官的干系，如何断言自己的优越，但是我们不能否认，从思想到感官也有相反的运动。如我们所见，思想改变了生活的整个状态，赋予实在一种新的意义。自然可以作为思想的对象，这个事实本身证明，实在不仅仅是自然。但是，一当思想声称它是全部实在，它对生活拥有独特的支配权时，它的局限性便开始暴露出来。每当它发表这样的声言（不管是表现在思辨哲学所喜欢的极端形式中，还是表现在标志着一切理性主义时代的较为适度的形式中），生活便成为形式的和幻想的；虽然思想有能力精心构造极为复杂的形式，它却不能赋予它们任何活生生的内容。倘若思想自以为已经提供这样的一个内容，那一定是它不引人注意地从某个更加深刻、更加真实的实在中获得的，对这个实在而言，思想仅仅是个中介，释放了它的能动性，使它清楚地表现出来。

不过，不仅我们必须承认那些限制了思想自诩的统治权的局限性；而且，这种统治权的概念本身，便很使我们迷惑和为难。思想当然是人类活动的一种方式，但是当它试图把全部实在拉向自己，给整个实在打上自己的印记时，它便俨然自称为宇宙的基础，可它如何证明这种权利呢？当思想第一次出现时，本是起源于人，但它又转过来反对人；因为，它根据自己的本性，制定出某些规范性要求，规定了人所必须遵循的路线，迫使他付出各种辛劳和牺牲，强调它们的权利却丝毫不管他的祸福。历史告诉我们，新理念与新原则（以及它们包含的结果）的开端，常常严重扰乱生活的平衡，引起不适，致使人们急于放弃他们自己的原则所带来的结果。然而这一点他们办不到。思想的潮流向他们涌来，推动着他们向前，他们的舒适则被看作完全无关紧要。试想，起源于人、受着直接经验的控制、仍然整个从属于他的某种东西，如何竟能获得这样对待他的权利，甚至可以违反他，把他仅仅当作一种工具？这样的程序会给生活留下什么意义？既然思想如此孤立它自己，认为实现它自己的本性是最高的任务，生活还能有怎样的意义？世界缩小为一个思想进化的过程，实际上，变得越来越概念性；不过，这一辩证的运动超出了所有人的兴趣，要求我们无条件地彻底放弃。倘若我们准备真心诚意地服从这一要求，我们自然会希望得到保证，即我们为之作出牺牲的整体具有真正的价值；只有当思想过程终结于一种真实的经验，并且从永不停息的生成之流中出现一种永恒的自我时,我们才可能得到这个保证。但是就我们的直接经验本身而言,不存在丝毫如此终结的迹象。我们发现的全是,人们为巨大的思想潮流所支配和裹挟。他们来来去去,犹如飘忽的影子;他们全力以赴地劳动,为了从来达不到的目标,实际上,是猜想的目标,而不是看到的目标。他们是一个宇宙过程的工具和器械,这个过程以超人的力量开辟着它的道路,它随意利用他们然后甩开他们,而且始终把它自己的本性隐藏在神秘的黑暗中,发疯般地冲向一个不可思议的目标,用它造成的无尽混乱困惑着我们。总之,思想正如自然历来表现的那样,毫不在意人的兴趣。那么,它又如何可能给生活的意义提供一条线索呢?

倘若自然主义和理智主义单独都不能使我们确信生活的价值,它们的结合则更不成功。今天,这样的结合屡见不鲜,不仅可见于十分普遍的一种(既是敏感的又是理智的)文化的复兴,甚至可见于同一个人,强烈的自然冲动可伴之以相当深奥的思想。这种结合远不能使人肯定生活的价值,我们宁可把它看作今天悲观主义盛行的主要根源。因为自然主义和理智主义如此结合不能使生活变得和谐：一方总是反对或抵消另一方。感官，在思想看来是粗鄙低下的；思想，在感官看来是徒劳无益的。而我们的意识，正处在这一对立的两端之间，没有力量逃脱。我们如何能在这样一种生活中得到快乐，并为它的扩展而献身？但是我们不能对此安之若素。我们追求幸福，并且不可能不再追求。这种追求本身所需要的行动自由，比自然主义或理智主义所能允许的更多。确实，它可能具有许多小心眼的、低劣的特征。但是，在它后面凝聚着某种更为重要得多的东西，实际上，正是人类对其精神的自我保存的关注。我们能（我们敢）停止对自己这个方面的关注吗？在我们的强烈愿望中，除了个体的任性之外，不是还有某种东西稳定地起着作用吗？这一点至少是肯定的：倘若诉诸于直接经验意味着人的生活必须听凭一种已经存在的宇宙过程的支配，那么诉诸于直接经验决不能使生活丰富而有意义，也不能保证它的自我实现。它只能让我们拜倒在神秘的必然性面前，它根本对付不了当下的问题。

承认这一真理，我们就得面对下述问题：诉诸于直接性是否可能采取其他的，并不意味着人无足轻重的形式。采取这一建议很可能产生一种反作用，人的自我可能因为抑制它的企图而更有力地重新突现。逃离了他曾经为之牺牲的世界，他将返回到他自身和他自己的兴趣。在这里，他将寻求真正的直接性，并且，在专心追求他自己的幸福时，他将试图为生活找到一种真正的意义。

纯粹人本主义的不足

当人对彼岸世界的信心被动摇，自然与思想的世界即刻呈现在他面前，把他仅仅作为工具对待，从而摧毁了他的精神存在的基础的时候，仍能为生活保留一种意义与价值的惟一途径便是：他必须依赖人的生活的自给自足，并倾注全力推动和促进这种生活。这里无疑有大量的劳动，而且任何有关彼岸（无论是凌驾于我们之上的，还是在我们周围的）世界的考虑，都不可能阻止我们享有自己的幸福，并以最大努力增进这种幸福。因此让我们把一切力量都集中在我们自己的人类本性上，过这样一种生活：虽然它牺牲很多东西，但是除去一切缺陷之外，它至少有这么一个优点，即它能规定某些明确的目标，为这些目标去努力，我们肯定能找到幸福。这便是现代思想主流所持的观点，它的影响表现在各种不同方面；不仅如此，这个运动已经成为一种具有明确历史意义的有机的生活图式。但是一当我们停止对它作一般的、概略的描述，而是作进一步仔细考察时，便不由得疑虑丛生。在我们认为最简单、最可靠因而转向它的那种答案中，我们又一次发现一道陡峭的裂缝，一种无法容忍的对立，一个重要的缺陷。我们立刻意识到，我们的直接生存方式本身便是一个问题，经验对它作出截然对立的解答。

我们正在寻找人，寻找完全不受各种宇宙终极问题牵连的人，但是我们在哪里能找到这样的一种人呢？是在个体力量牢固地结合在一起、形成共同生活的社会共同体里，还是在以无限多样的形式自为地存在的个体之中？给予人类生活以区别性特征的东西是什么？是个体单位相互之间的吸引排斥，还是组织化劳动的休戚与共？这些并不只是仍将导致同一目标的不同的出发点。目标本身便不相同，而且，实际上，是如此的不同，我们要朝一个目标走，就不能不离开另一个目标，试图同时记住两个目标，意味着把我们的生活往两个相反方向拉。倘若我们把共同体放在第一，把它的繁荣看作衡量生活中一切成就的惟一标准的话，社会整体必定有其自身的牢固基础，而完全独立于它的成员的任性和固执。个体的职责是服从整体和调整自己。他必须遏制自己的独特之处，弘扬作为社会生活的结果的那些一般特征。这里特别重视发展一种不受个体的反复无常和历史时期的更迭变化影响的强烈的社会情感。如此构想的生活，其主要任务便是，改变外部环境和条件，调整社会交往和社会劳动安排，从而以一切可能的方式增加整体的福利。个体的幸福与舒适则必将接踵而来。因为个体，即便在他最内在的经验里，即便在他的梦想和渴望中，都要依赖整体，都是他的环境的产物。现在来看相反的主张，我们发现，它主要关心的是，使个体在自己的生活不受干扰的情况下变得更加坚强，使他摆脱一切束缚，帮助他自由发展他的独特能力。这里的倾向是强调可塑性和适应性，而把因循性看作桎梏，把统一性看作形式主义。那么，人类生存的真正中心究竟是哪个，是共同体，还是个体？这是一个关键的问题。

历史的先例清楚地表明，我们在此涉及一种决定生活的整个趋势和方向的严重斗争。在历史上，我们看到各种趋向此起彼伏、纵横交错，形成巨大的浪潮，而它们的涨落，比任何其他因素更多地决定了各大历史时期的特征。古代世界的趋势曾经是要打破现存的制度，把重心从社会转向个体。但是，在它快要终结之际，种种迹象表明有一种更为强大的极端保守主义的运动在维护着统一性。哲学与宗教同样追求让个体更紧密地结合在一起，强调他们需要互相帮助和支持。基督教抓住这个运动，利用人们想得到某种可靠的支持、想摆脱个人责任的越来越强烈的愿望，以这样一种方式引导着它，致使教会成了神授真理和神授生活的惟一保管所，成了能把神恩传递给个体的惟一渠道。于是，教会开始代表人类的坚定信仰和良知。甚至中世纪的政治协议和社会协议也以这个从未被质疑的假设为基础：个体惟有在整体中才有价值。

我们全都知道这些评价所经历的变化，知道个体如何再次发现了肯定自身的勇气与力量，如何在他的发展中粉碎了旧体系而把自己的独立视为根本。我们还知道，这一切如何导致一个以自由为最高理想的新时代的黎明。不过我们也知道，这一理想不再惟一地控制着我们。今天有一种让生活扩张、膨胀以致令人惊讶的强烈趋向。力量与物质的巨大组织在稳步地积聚，而所有这些以及一个更重要的事实，即某种可能使我们的生存彻底瓦解的尖锐对立的出现，已经引起一种对个体更紧密地联合的向往，引起让生活服从某种权威组织的控制的渴望。我们的各种社会运动极为显著地表明了这一点，但是，这一趋向决不仅限于这些运动。在任何地方，我们都看到个体表现出相同的渴望：联合起来互帮互助，共同对付生活的难题，并肩与对立抗衡。对于各种社团，对于为了增进各种精神或世俗的利益而实现的联合来说，这是何其走运的时期！它与把个体的力量和独立看作一切幸福之源的古典时期何其不同！于是我们今天被两种对立的力量所支配，两种冲突的标准都要我们去遵从。从一切束缚和桎梏中解放出来，依然是许多人的口号，运动依然朝着无数方向前进。而联合，把各种分散软弱的力量组织起来，则是另一方的口号，它对现代人的心灵有何等的感召力，我们完全清楚。但是，解放和组织向我们提出了两种根本不同的生活概念，考虑到这样的分歧，我们如何可能就它的意义达成一致呢？由冲突引起的不确定将使它失去所有一切意义，这不是更有可能吗？

然而，双方各自都确信，只要它能获得全胜、拥有当然的统治，便能使生活变得十全十美。正是这一希望以如此的力量和热情鼓舞着两种运动，并且各自要求人们全心全意地遵从。但是，略为仔细的考察立刻表明，倘若我们一心一意地遵从其中的任何一种，便不能不把生活局限到真正无法忍受的地步并剥夺它的一切意义。

当社会主义自由地按照它自己的样式塑造生活时，它会从生活中获得什么呢？不停地劳动：为了社会的福利，为了一种引起最小痛苦和最大快乐的人际交流状况，为了一种将使人类的最大多数得到最多的舒适和享受的生活。这样一种纲领确实提供了大量的机会，在下述诸方面大有可为：减轻苦难和匮乏，增强人对付一个冷漠或敌意的世界的能力，使生存变得轻松愉快，使人类大家庭每一成员都能得到其一切好的东西。理想与现实之间不再存在一道鸿沟；我们必须竭尽全力劳动，使合理的成为现实的，使现实的成为合理的。但是所有这一切，不论它本身多有价值，一当它声称是全部真理，要求独占我们的活动，便使我们想到种种困难的问题。当结果与我自己的福利只有非常间接的关系时，为什么我，对我自己的决定负有责任的我，要为某个目标而激动，把我的主要精力贡献给它（如果需要，还心甘情愿地牺牲我自己）？而且说到底，即使作为一个共同体，我们将在这种共同福利的提高中得到满足，这果真如此确实吗？富足，无忧无虑的享乐生活，并不足以使我们幸福；因为当我们制服一个敌人（悲哀和不足）时，另一个敌人，也许更坏的一个（即空虚和无聊）又出现了；而且很难看出，一种社会主义纲领如何可能帮助我们与它作战。事实上，以助长和增进人的直接利益为目标的整个文明，不可避免地打上贫瘠荒芜的印记。这样一种文明，决不可能使人的基本本性有任何内在的改变和任何的提高；它甚至不可能作这样的努力。它必须接受它所发现的人。它只能利用已经在使用的这些能力。甚至在非常成功的时候，它也只是像一件衣服似地贴在人身上。它从来没有成为人的精神宝库中不可或缺的一项。它从来没有为他开辟过一种新的、更纯洁、更宏大的生活。因此，倘若这种情况发生，即人的内心生活中的难题仍然存留，人不能完全根除把他的（不再是自然主义地理解的）生存同他自己的个人行为等同的渴望——倘若他希望成为独特的和有创造力的，希望与宇宙建立某种其他关系，而不只是单纯的外部联系或互动——那么，任何把这些重要问题推到后边去的运动势必显得毫无价值！作为这种纯粹人本主义文化的通常结果的一切不自然的表现是何等的虚妄！真正的文化决不会有助于仅仅是尘世的富足这一意义上的幸福。它涉及如此之多的问题与斗争，要求如此之多的辛劳与牺牲，它使生活更加艰难而不是更加容易。在某种相对简单的环境下，比在一种高度文明的条件下，一种无忧无虑的舒适状态不是更容易实现吗？因此，倘若目标仅仅是尘世的富足而没有更高的要求，文明便是一种致命的错误，而且，实质上是自相矛盾的。

这一点确凿无疑，还因为只具有社会主义基础的文化，不可避免地要把对人类交往的限制和局限变为对精神创造的限制和局限，从而给精神造成无限损害，并且有可能扼杀它的内在生机。精神的创造，无论它在何处、以何种方式展现它自己，都只有在以它为目的而被全心全意地接受和追求的时候才会成功；而那种只忙于社会目的的文化，仅仅把它用作达到人类幸福的工具和手段，因而对它本身漠不关心，使它成为只是为功利服务的婢女。真正的精神创造，必定由某种发自内心的强制性的动机激起，并将一往无前地夺取胜利，全然不顾人的喜好与厌恶；然而，单从社会的观点来看，这种喜好与厌恶只要足够普遍，便成为最高法庭，它的判决是不容争辩的。数量取代了质量，而人类的一般意见便是善与恶的最后仲裁人。精神创造的真正自发性决不可能存在，除非整个心灵被深深打动，而只有当允许个体自由发挥、强调他自己的特殊爱好时才可能如此；然而社会主义的文化，不管它的政治制度有多自由，都不可避免地要压制个性，把所有人降低到同一个单调划一的水平上。追求真理的精神艺术家，不能不要求他的作品具有一种永恒的价值，独立于一切偶然性与变化的价值；正如斯宾诺莎要求一种"永恒形式下的"知识那样，这一要求已经深深地积淀在现代人的心中。社会主义的文化必须始终受制于现时的环境；它必须符合人的变化着的情绪；因而，由于不断地重新调整，最终必将认为，即便最神圣的事业，也不过是个时尚问题。当然，我们假设它具有保持一贯的力量和勇气，而且并不沉迷于像独立的真理或绝对的善恶之类的概念，在这里，这些概念是完全不合宜的。然而，倘若人有如此之多的东西期盼打破社会主义文化的局限，受到压抑则必定凋谢和死亡，这样的文化便不会使生活值得一过，而且无论我们是从个体的观点来看，还是从共同体的观点来看，这个结论都是站得住脚的。无论它在外表上和某些特定的方面多么有效，但在总体上，这种文化以某种方式限制了生活，使之精神上匮乏，并使我们日益产生反抗情绪。

社会主义失败的直接后果是助长个人主义，而且现时代非常惊人地显示了个人主义运动在抗议似乎是形式主义的、窒息灵魂的、死气沉沉的文化时所能获得的胜利。个人主义打开了一种新生活。个体的特征与行为开始进到突出地位，而且，所有社会协议的设计都鼓励独创性和多样性。各种各样的劳动部门为加强和表现个体的事业心提供了如此之多的手段。结果我们看到一种新的自由和独创性，看到新颖而丰富多彩的消遣，看到无忧无虑的、自由的、快乐的、不拘一格的生活。生活的任何一个方面都不可能不受这一运动的影响。但是尽管有这些不可否认的优点（它们与社会主义制度的严肃性和沉重复杂性形成鲜明对照，使我们更加感觉到这些优点），个人主义没能回答我们的问题，即它是否能给作为一个整体的生活提供意义与价值。怀疑不可避免地产生了，而当我们一旦清楚地意识到个体的局限和个人主义的局限，即它们都超不出我们当下的生存这个范围时，怀疑便特别可能增长和盛行。因为说这一生存便等于整个实在，没有可能超越它，这是个人主义既无法证明又无法放弃的一个假设。

作为这种仅仅在表面生存的一个元素，个体是一个存在，按照我们发现的那样被接受。无论他的外在的联系，抑或他的内在的联系，都没给他加上任何责任。从他自身的力量，他不可能产生一种理想来迫使他超越他的出发点。他没有办法改变他的特定本性，无论其中有多少裂口和矛盾。同时，他不可能认为他的个体生存是一种更大的生活（比如说，在他身上得到特殊体现的一种精神的或尘世的生活）的表现或中介。他不可能相信在他内部发生的事会在他外部有任何意义。相反，他的整个一生必定在追逐表面的利益、改善他自己的状况中度过。按这一制度生活，给我们带来的前景大致如下：实在显示出无限丰富的个体特征，每一个体只要他避免一切把他与某个体系捆在一起的企图，并充分地表现他自己的独特天性，便能获得自感、自娱的快乐与满足，同时，他自己认识到并欣赏这个结果，他的独特之处越是得到强调，他与他的伙伴的不同之处越是得到突出，他便越快乐。不仅如此，这一个体化趋势渗透到生活的所有关系之中，到处留下它的明显痕迹。由于个性、独立性和独特性而获得的欢乐鼓舞着整个生活，显然给予了它一种内在的满足。

个人主义本身便是如此发展的。它表现了生活的一个方面，它所代表的运动对社会主义文化提出了不无理由的批判，我们完全承认这一点。但是当它装作全部的终极的真理时，尽管它作了一切炫目的夸耀，它给我们提供的生活却是何等的贫乏、空洞！即使假设我们只考虑仁慈的命运允许其不受阻碍和干扰地发展的有非常显著特征的个体，即使如此，他们也决不可能超出他们自身和他们自己的主观状态；他们将不断地靠自己生活，用一面面主观的镜子在内心反省自己的行为，虽然他们将不断地获得暂时的满足，他们将只是一些孤立的意识状态的共生和连续，这些状态永远不能融为一个整体，除非放弃个人主义的前提。但是我们已经看到，人是一种思考和反省的存在，因此，他必定追求一个包罗万象的整体。倘若他不能找到它，生活对于他便成为一片荒凉的空地。他也许会从快乐的全景图及其变化的景致和迅速的转换中一度获得欢娱，但是，最终他将成为厌倦和餍足的牺牲品。人永远不能只是他的纯粹主观状态。他的生活并不完全局限于他自己的特殊范围，而是远远超出于它，他无可抵抗地被迫考虑超出其自身特殊性的东西，一句话，考虑宇宙的无限性。正是在这里，人感到必须决定他的态度。他必须根据这一更大的整体来看待（不仅是看待，而且是度过）他的一生。只要他这样做了，他便不能不怨恨这样一种制度：它突然中止在纯粹个性这一点上，把一切能量和情感都压缩在一个偶然和有限的生存的狭窄通道中，使我们中的每一个人都受他自己的特性的束缚，并且，显然缺乏能打破这些局限的伟大力量，缺乏大家共有的真理，缺乏把所有的心灵连结起来的爱。个人主义的生活，以及它的一切多样性和手段，将显得无法形容地狭隘与贫乏。

此外，我们至此所考虑的是这样的人，他与生俱来地拥有一种强烈的个性，并且有幸得到自由的发挥。对于普通人，我们又该说些什么呢？他通常不是很少对他的个性显示兴趣，很少因个性的发展而感到愉悦吗？即便在个性确实显著的例外情况下，它不也往往遇到由一种人际关系势必强加给另一种人际关系的限制所引起的严重障碍吗？倘若除了我们自己的享乐之外没有其他的目标召唤着我们，我们为什么要推开这些障碍、投入激烈的斗争呢？此处，和前面一样，我们只需要扩展探究的范围，不仅探究个体的事件，而且探究它们对之作出贡献的整体（我们只需问这一贡献究竟有什么价值），以便发现一种非常严重的亏损，从而确信这样一种生活实际上远远不能补偿它所引起的麻烦和所花费的代价。渗透在这种生活中的精致的伊壁鸠鲁主义总是极易滑向一种令人绝望的悲观主义，因为作为其无休无止的运动之基础的空虚，终将成为我们的知觉与经验的特征。

于是，纯粹人本主义的文化的结果只能是失败，而不管它在两种可能的方向中选择哪一种。无论是人们的相互吸引，还是人们的相互排斥，都不可能给生活任何意义或内容。社会主义的文化主要指向生活的外部状况，在重视这些的同时它忽视了生活本身。个人主义的文化乐于面对生活本身，但是由于它从不可能超出孤立的状态与瞬间，我们无法看到生活整体，也不可能拥有任何内在性或任何内在的世界。于是，在这里，灵魂依然缺乏；我们的主动性仍不可能超出表面的东西。在这两种情况下，灵魂都没有任何真正的自我直觉性。但是两种对立趋势的不停的斗争有助于揭示这种内容的空洞与缺乏。它们各自具有某些正当的主张和某些优于对方的地方，而当它表现出这一点并使自己适应时代的要求时，生活变得急切和热烈，而且看上去似乎取得了不可否认的进步。但是某一特殊方面的进步并不意味着全线的总推进，而且一个运动反对另一个运动的成功本身并不就证明它的正确与适当。不仅如此，随着时代摆锤的摆动，一个时代的无可置疑的假设很容易受它的后继者的挑战，而且，虽然一种感情的大潮可能持续数百年，但是最终会出现一个时代，那时对立的潮流奔涌而来，荡涤一切已成惯例的评价（而且，把它们彻底颠倒过来），这时不是解放战胜组织，便是组织战胜解放。于是，面对着这些盛衰兴亡，我们能够指出对于人类整体来说什么是永远正确的吗？

两种人本主义的文化都尤其可能看不到自己的空洞，因为，它们完全无意识地陷于这样的习惯，竭力对人做出更多解释，而顾不上保持自己的假设的一致性。它们预设了一种精神氛围，作为我们人类生活和努力的背景。在一种文化里，个体之间一种联合的凝聚力似乎打开了爱与真理的源泉；在另一种文化里，每一个单位背后似乎都有一个精神的世界作为背景，它的发展依靠其个体的劳动的推动。在两种文化中，生活同样立即获得了一种意义，但必须以放弃纯粹现实主义文化的前提为代价，于是，我们发现自己又回到了原先准备逃离的那种极度混乱中。

另外，这个问题显得不那么尖锐，是因为事实上两种类型的人本主义文化都有把人理想化的倾向。倘若采取社会主义的纲领，我们便要预设，各种有关的力量很容易结合，能愉快地一起工作，并能利用共同体的集体智慧。倘若采取个人主义的纲领，我们便要认为个体是高贵的、有高尚精神的，只对重要的事情感兴趣。我们需要用对人性的某种信仰来弥补我们所发现的人的缺陷，使我们能把他看作高尚的。但是我们自己时代的种种运动给我们留下的印象能够证明对人性的这种信仰吗？我们不是看到我们当中的大部分人迷恋于一种横扫一切的激情，一种肆无忌惮的攻击性，一种降低所有文化的意向，把文化降低到使他们感兴趣、能理解的水平，用数量取代质量，把生活变得狂暴、粗野，并由此表现出一种无礼的自负吗？而在个体身上我们又看到了什么呢？富裕中的无谓吝啬，精心掩饰的自私，无聊的自我专注，不惜一切代价地渴求出名，无端地寻衅，讨厌的伪善，尽说大话又缺乏勇气，对一切精神任务漠不关心，事关个人利益则勤勉无比。这一切实在太明显，不容忽视；而且，倘若我们轻率地谈论人性的伟大和个体的杰出，断言只要给一个自由的领域，他们必将使一切地方的生活变得幸福和伟大，我们便由此表现了对人的一种突出的信仰，一种在所有信仰中最有待于批判的信仰。倘若说宗教信仰要人虔诚地接受某种眼看不见、手摸不着的东西的话，它至少还能声称以一种现实的可能性为基础。因为它从来不把感觉经验的世界等同于整个现实，它的断言便不可能直接与这样的经验冲突。但是在对人的信仰上，正是发生了这样的冲突。因为它不仅要求我们相信我们没有看到的东西，而且，还是在经验的范围里，要求我们承认某种与我们自己亲眼目睹的正好相反的东西。

此外，既然历史运动无力影响生活中最根本的东西，我们不妨打消一切奢望，别以为纯粹人本主义文化的进一步发展会给生活以意义与价值。这样一种文化，即便能够达到它的目标，也不能满足我们。在我们现时代，它已经自由地发展起来，已经成功地把生活之流引入了它自己的渠道之中。但是它越是变得独立和自我封闭，便越是排斥任何来自过去漫长世纪劳动的影响的干涉和有益补充，它的局限性也便越是清楚地显现出来，它便越是注定要失去它的影响、引起它自身的灭亡。

此时此刻我们越来越尖锐地感觉到这一点。对世界的厌倦和对它的种种局限的深刻不满正变得越来越普遍。我们觉得，倘若人不能依靠一种比人更高的力量努力追求某个崇高的目标、并在向目标前进时做到比在感觉经验条件下更充分地实现他自己的话，生活必将丧失一切意义与价值。与广阔的宇宙生活断绝、封闭在他自己的范围内，人只能有一个狭隘和卑下得无法忍受的生存，他自己的本性的深处便对他隐匿起来。于是，我们今天听到许许多多的超人，但是，倘若在感觉经验的世界里和在我们的直接生存范围里寻找超人的话，这样一种运动可能体现的一切真正的渴望便只能堕落为纯粹的空话。因为人被其本性的种种束缚紧紧围困，不可能只靠一句话的魔术便使他在生活和存在中的命运得到更新。于是，他必须，要么与现实主义文化决裂，要么放弃内在地提高人性并实现生活意义的一切希望。惟有一种愚蠢浅薄的哲学才会认为可能有第三条路线。

回顾与展望

先前探索的结论

我们至此所作探索的直接结论是，承认人类今天正经历着一场深刻的幻灭。关于一个更高的世界的真实性和现实性的困惑，使它把它的精力主要用于直接的环境，欣然认定在那里寻得了可靠的立足之地，确信能够毫无障碍地实现人生的一切可能性。对它来说，直接的环境是某种给定的东西，明明白白给定的东西。然而，较为仔细的考察可以揭示出一种截然不同的情形；事实上，与人们所期望的恰好相反。因为倘若我们试图统一我们的直接经验并综合我们的各种活动，我们便被那些显然彼此矛盾、把我们拉向对立方向的运动所围困。每一个这样的运动都进一步分裂，直至我们被各种对立弄得茫然不知所措，被一种以往时代所无法想象的惶惶不安所困扰。我们没能找到自己所希望的安全，相反，我们脚下的大地坍塌了。当我们试图把我们的精神生活建立在看来如此容易了解的东西之上时，它却偷偷地溜走了，并且离我们越来越远。与此同时，我们希望建成的完整统一的生活分裂成各种相互斗争的部分。因而，似乎我们得到的与我们所期望的正好相反，而且，在我们曾经指望有确定收益的地方损失得更多。

诉诸直接经验使我们面对这样的问题：我们应当在与人的幸福有关的事情上，还是应当在对人的幸福漠不相关的一种社会组织中，寻找它的主要意义？采取后一种选择有两点理由：由于传统学派的瓦解所激起的对人的能力的深刻怀疑，以及宇宙向现代观察者展示出来的无法度量的宏大、无限充盈的生命力。不过，要是对这个作了一般陈述的概念作更为详细的说明的话，必将揭示一种无法调和的对抗，即体现在我们身上的感官生活的要求与思想的要求之间的对抗。思想和感官各自声称为真正直接的东西；各自渴望成为一切实在的惟一基础，并且凭它自己的力量提供一种建设性的生活图式。于是出现了对生活的两种典型描述和对人生问题的两种答案，彼此迥然不同的两种学说：自然主义与理智主义。前者可用以支持自己的，是得到公认的人与自然连续说，以及一种技术经济文化的惊人发展。后者则可指出使思想完全摆脱感官，并以其劳动成果丰富我们的整个生存的方式，这两个过程乃是现代世界的显著特征。但是，不管自然主义和理智主义有多大成功（就它们所释放的能量和所取得的成就而言），它们都不可能涵括整个生活并给生活一种意义。在它们指导之下发展起来的生活无法补偿谋生的麻烦和辛劳。自然主义对人漠不关心，仅仅视之为一种无意识的机械结构的组成部分；理智主义则认为人只是一种思想进化的容器、工具和器械。两者都不把生活的进步归之于人，不把人看作它们的主人和推动者：只看到事件的前进而忽视了人。在一片骚动喧闹中，他的灵魂空空如也，他的生活一无所成。不难理解，对个人毁灭的紧迫威胁会引起一种不断增长蔓延的渴望：把注意力放到人身上，把人当作人看，当作我们在他生活的各种活动中所发现的人、根据他自己的各种利益来填充他的时间和心灵的人看。这里似乎有美好的前景：一种富裕幸福的生活，摆脱了疑虑和晦暗，不受复杂难解的终极问题的妨碍。但是也正是在这里，运动的发展本身揭示了一种不可调和的对立。运动中潜伏的社会主义和个人主义两种倾向分歧越来越大，以致成为完全对立的双方。每一方都阻碍另一方发挥效力，削弱其信仰的基础，但又都不能给生活提供任何可靠的精神寄托或令人满意的目标。沿着社会主义的路线，生活变成只是外部的行为；社会主义从来不可能把外部所获变成内心的收益：它没有给生活以灵魂。难怪会有这样的反应使人们把一切兴趣都集中在个体身上。但是，个体由于受到直接环境的严格限制，不可能构造一个整体，不可能把他的精神活动集中在一个中心点上。他的生活本身被分解成一连串孤立的状态，一连串支离破碎的感情和冲动——只是一种匆匆流逝的瞬间的连续发生。虽然这些经验可能带来愉悦，带来经常不断的欢乐，然而在这种快乐的流转中有一种不可能永远不被揭示的空虚。只要提出任何与事物整体有关的问题，该体系的缺陷便立即暴露出来。但是任何思考又如何可能避而不提这样的问题呢？

因此，建立一种纯粹现实主义文化的一切企图都不可避免地注定要失败。倘若它的提倡者继续认为自己是成功的，那么其原因只能是，他们不断地借用在以往几个世纪人类劳动中缓慢发展起来的精神氛围，以补充他们自己的不完善的体系，给予生活一种他们自己的体系决不可能给予的深度和自信。不仅如此，他们所借用的东西不仅不是从自身产生，而且实际上与他们所采取的路线相对立，倘若尽管如此，它却成为不可缺少的，那么，我们只能说对他们自己观点的阐发势必导致它自己的被推翻。因为，这些体系越是要竭力地体现它们的独特之处，便越是粗暴地排除一切补充的影响，它们便变得越发地狭隘，越发地不足，越发地不可靠。如同精神事物中司空见惯的那样，表面的胜利预示着内在的毁灭。

毋庸置疑，我们已经考虑过的现实主义文化不可能再有其他的类型；因此，倘若其中没有一个给予生活以意义与价值的话，倘若它们全都惹起如此尖锐的、根本无法调和的对立的话，我们当然有理由确认这样的文化是不健全的。它把生活分裂成对立的两端。它时而让人躲开冰凉冷漠的世界，回到他自身；时而又叫他逃离使人狭隘、愚昧的人际关系的影响，进入广阔的宇宙生活。任何地方都没有一个可靠的立足点，没有一种广泛的综合，没有一种能够对高度文明的人注定要付出的所有辛劳和烦恼作出补偿的生活。当我们回想起与这一运动的诞生相伴随的巨大希望时，这一失败便显得越发令人泄气。生活在其自身的进程中粉碎了这些希望，打破了一切期待。我们寻找确定性，却堕入极度的混乱。我们追求单纯的生活，却发现它是支离破碎、自相矛盾的。我们渴望幸福与安宁，却只能看到冲突、烦恼与悲哀。

既然如此，当这样一种痛苦的经验迫使人们去寻找某种出路，首先想回复到把人的命运与天上的世界连在一起的旧体系，回复到他们指望作为向导的那个世界的星象时，难道我们还会感到惊讶吗？在放弃那个世界时，人所损失的东西远远超过他可能失去的任何力量与权利，这难道不是一清二楚的吗？因为，把生活限制在一个水平之上，取消一切内在的差别和等级，势必剥夺生活的一切相对独立性，一切自我直觉性，一切自省的可能性，也就是剥夺它的热情、伟大和尊严，以及它所包含的一切有价值的东西。如此地贬抑降低生活，不能不引起反抗。而且事实上，我们现时代的最新发展表明一种宗教感情的重新唤醒，甚至某种复活旧的唯心主义的倾向。但是我们不能想象我们能够简单地回到旧的制度去。无论现实主义文化距离一个终极答案有多遥远，这个运动，以及由它延伸出来的更加伟大的现代生活运动，已经赢得了一种相当本质的体现，在生活的标准和人本身之间造成了一种非常彻底的变化，在现在与过去之间设置了一道极为宽阔的鸿沟，使我们不可能简单地回复到旧的状况中去。因为陈旧的宗教和唯心主义世界已经失却其精神的直接性，不可能再被作为理所当然的事情来接受。细节上的分歧在一个最主要的问题面前变得无足轻重：究竟是真的存在一个我们可以找到入口的彼岸世界，还是这纯属梦幻——仅仅是把我们自己的生存投射到宇宙的无限性中？实际上，这种说法过于简单化了，因为，无需进一步论证，宗教与唯心主义已经发生过改变人、鼓舞人的深刻影响，而这决不可能只是梦幻的结果。但是我们将在何处给我们必须牢牢抓住的东西和我们必须放弃的东西划一条界线呢？我们不是经常发现，不再站得住的旧教条与正在形成的新学说混杂在一起，对一切有成效的发展造成灾难性后果，甚至使我们面临精神上不诚实的威胁？有多少夸夸其谈的言辞、虚张声势的激情、讨人欢喜的自欺与那种自称的宗教复兴连结在一起！惟有当我们达到对新旧关系的清楚的理解，尤其是对人是否可能以及如何可能克服其个体存在的局限性，从而进入一种更高级的生活这个问题给出一个明白的回答之时，才有可能沿着这条道路取得进展。

此外，还有一点必须考虑，即虽然我们今天重又十分看重宗教，但是我们究竟如何理解它仍然很不确定，而且，事实上在这一点上被划分为两个对立的阵营。有些人要把宗教变成主要是思辨的和审美的：他们希望它能使我们摆脱人的渺小和日常生活的贫乏，提升我们去与一种无限的、宇宙的生活交流，并且朦胧地、充满感情地向我们预示宇宙的神秘奥妙以及（倘若可能的话）宇宙的美丽，使我们感动不已。还有一些人坚持对宗教作更多道德的解释。他们告诉我们说，宗教是要使人摆脱他自己灵魂的无法忍受的分裂，使他脱离苦难和罪孽，为他开辟一种新的、更纯洁的生活。这两条思想路线不断地彼此交错，它们常常完全不分彼此地混在一起。这样一种混杂如何可能战胜有如现实主义那样系统化的文化呢？

于是我们处于一种痛苦的困惑状态之中。纯粹现实主义的文化剥夺了生活的一切意义；回到旧的生活方式又不可能，而放弃一切寻求生活意义与价值的努力也同样做不到。我们自己的时代尤其难以泰然接受这样一种局面，这一点，只要看一看今天的普遍状况便可明白。

错综复杂的现状

倘若我们生活在一个低效无力而慢慢爬行的时代、体验不到生活的强烈感情的话，上述矛盾及不合理性便不会严重地搅扰我们：在那里这个问题不会激起兴趣，找不到它的答案也不会引起失望。但是我们知道我们自己的时代决非低效无力，它以充盈的活力跳动着，这种活力促使它去从事最紧张的劳动，富有伟大成就的劳动。它具有深刻强烈的感情，不知疲倦地向前进，而且在本质上是革命的。倘若所有按照专业路线赢得的个体成功并不导致任何影响整个人类状况的一般结果，倘若我们极为复杂的生存被证明实质上微不足道，对现状的不谐调便不能泰然处之了。事实上，不能与这些复杂情况搏战或至少与之和解的人可能缺乏勇气。由于缺乏内在生活，有些人便积极投身于劳动，投身于不停的活动，试图以此安慰自己。然而，这种解决只能是暂时的，因为人最终必须完整地实现他自己，完整地感觉他自己，并且为这种完整要求一种内容，而单单劳动是决不可能提供这种内容的。因此，其他的人沿着那条连接人的一切希望与感情的特定行动路线，集中精力寻求人的全部天性的满足。但是他们不可能沿着这条路线取得进步，哪怕是他们自己所认为的进步，而总是过度地使用它的力量。他们巧妙地从它当中抽取比它实际包含的更多的东西，结果是一种缺乏内在真实性的虚荣浮华的生活，一种本身决不可能给他们以满足、而只能维持表面满足的生活。

于是，整个人类变得越来越分裂，越来越窘困。有着各种各样方向的社会生活潮流越来越分离，最后失去一切联系。相互冲突的运动各有其自己的活动范围，各有其自己的实在观念，各有其自己的标准和评价，并各以其自己的方式解决生活的问题。不存在共同的精神价值标准，因为一个人所认为的黄金，在另一个人看来只是铜币。倘若没有一种渗透在历史与社会中的精神氛围不知不觉地缓和了这些冲突，倘若没有我们使用着同一种语言这一事实掩盖了我们的分歧，我们便不得不承认，每一个人的内心世界与他的邻人的内心世界都是完全隔离的，并且我们越是想把我们的生活合为一个整体并给它一种意义，我们的分歧便越大。然而，当投身任何要求友谊和共同信念的运动时，这种内在的分裂便成为人性弱点的源泉。它阻止我们真诚地分享共同经验或表现创造性天赋。此外，当人们提出生活的重大问题时，它过分重视浅薄的理论和轻率的否定，损害了自由创造能力，同时损害了人类的道德力量。随之产生的精神崩解和混乱促成对问题的一种处理方式，它与现状的真正要求正好相反。幸好，这里的人是眼界狭隘的人，由于他的精神色盲，只看见他个人活动路线上的东西，一切其他的经验和印象（倘若不是特别令人印象深刻的话），他都不会看到。这样的人，可以赞美使之自由发挥其一切才能和爱好的个性的伟大与高贵，但是，对于极度自私的蔓延增长和今天如此盛行、如此有害的软弱放纵却熟视无睹。他可以颂扬感官刺激的自由发展是回归纯粹的自然，尽管现代感觉论的一切特征显示它乃是过度文明生活的精致形式。幸好，处在这一片混乱中的人，是能心安理得停留在事物表面上的人，他全然不知道，各种思想都有其前提和推论。这种杂乱无章的思考面对直接的矛盾也能安之若素。例如，为科学着想，它可以极力贬低人，尽可能把他与动物归为一类；而在实际生活中，为了政治和社会，它可以发狂般地鼓吹人的伟大与尊严，并以此作为行动的指导原则。幸好，置身在这样的环境中的人，是没有精神直觉的人，他能从纯粹的抽象获得满足。他能热情地对待诸如理性与自由、进步与发展、内在论与一元论之类的概念，但并不费心以一种生动的形式来描述这些抽象概念，或证实他们的主张应当作如此的描述。

但是，虽然个体可能从这些限度获得某种益处，但对整个人类来说，它们显然是灾难性的，人类也不可能安心地听任一种可能毁灭它的政策。一当我们的兴趣发生一种新的例外的转向，这就更加不可能。我们会问，人在宇宙中是否就没有一个特殊的地位和一种特殊的任务，人生的问题是否就不能远远超出对个人的幸福与舒适的考虑，个人是否就没有一种他不可能永远否认的责任。这些问题势必使我们痛苦地意识到我们对宇宙的深刻无知，意识到有关我们自己的天性的难题和冲突。而一旦开始提出这些问题，像连珠炮似的提出这些问题，它们便可能积聚力量以致成为支配一切的惟一兴趣，并且改变生活的整个趋势与走向。诚然，在我们现时代，由于极端地强调世界上实际所完成的工作，促使我们撤开并几乎完全忽视了这些重要的问题。劳动的辉煌胜利将一切其他兴趣都推到不引人注意的地方。但是现在我们开始越来越感到，劳动的权利不管多大，都不能阻止心灵拥有它自己的某些权利，虽然心灵本身不断地产生着新的复杂情况，但是在它无边无际地增加着困难的同时，为一种精神的生存而进行的斗争向纵深发展，在这一斗争中，改变生活的方针再次成为可能。这样一种运动使古代行将终结时期的人们大为振奋，引起的巨大精神变化最终由基督教明确地体现出来，这一体现在许多方面由时代的各种状况所决定。许多当时如此激动人心的东西今天被看作神话，被我们认为是遥远而不可能发生的。但是，在一切仅仅表现了某个特定时代的东西后面，是否便没有一个常存的问题，一个人类不能长期忽视的问题，这个难题仍然存在。以后我们将更为详细地阐明我们对这个问题的态度；不过，这一点毋庸置疑：一旦我们清楚地看到我们的直接环境以及它的一切可以吹嘘的耀眼成就都不能给生活以任何意义与价值，人生的问题便变得格外严重；事实上，企图向它寻求一个最终解答的生活已堕入极其痛苦的矛盾之中，结果使它的一切希望落空。现在，这一结果在我们看来已十分明白，我们惟一能作的选择是，或者放弃我们的理性，或者彻底改变我们的生活。从总体上看问题，一切缓和措施都是无用的，我们清楚地意识到纯粹现实主义文化如何令人痛心地失去了对它的一切崇高希望。

预言一种肯定的解答

至此我们所论述的都是生活对我们今天向它提出的问题所作的否定的回答。但是这一否定的方面并非全部，还有一条道路通向一种更为肯定的态度，我们有权根据一般理由抱此希望。在精神的问题中，每一个"不"字后面通常都有一个"是"字。"是"字不太明显，常常是很不确定的；但是虽然有它的一切不足之处，它仍然是一个"是"字。如果得不到某种好的东西，我们未必由衷地感到遗憾，除非对它的渴望已成为我们的本性，除非为某种愿望努力奋斗却永远得不到满足。倘若没有这样的运动和这样的渴望存在，达不到目标便不会使我们感到悲哀和不安。例如，印度教徒发现，与合乎逻辑的想像力格外生动贴近地向他们显示的宇宙的永恒无限相比，所有人的生活都是空虚短暂的，倘若这一点使人痛苦的话，只是因为人不能平静地接受他的短暂性，拒绝成为一种短暂的存在，而是坚持其思想的永恒性，并要求分享它的生命。人的缺陷感本身岂不正是其伟大的一个证明？倘若仅是时间没能满足，难道在他之中便一定没有某种永恒的东西？基督教徒经常叹息人的道德缺陷（不仅如此，经常叹息人的完全堕落），以致变得郁郁不乐、意气消沉。但是，倘若我们不承认人有道德本性，人有自由行动能力，并且在行动时远远超出任何机械论的范围的话，我们又如何能说明它所提出的这一道德判断呢？"是"字也许远没有"不"字来得明显，但是没有"是"字，"不"字便是无法想象的。我们再次看到，我们的生活与劳动缺乏任何意义，成了一种非常严重的缺陷，成了人际关系混乱不堪的根源。但是我们感觉到这一点这个事实本身便证明了另一事实，即我们的本性深处便有寻找这样一种意义的向往，一种无法抵抗的内在冲动迫使我们从内部来尝试和说明生活，使它完全成为我们自己的生活。

因此，务必要小心，别因为它的如此不完善和充满矛盾而鄙视我们自己的时代。它的不尽完善岂不大都因为事实上它的要求比其他时代的要求更高？它的重重矛盾岂不主要出于它贯穿和穷尽生活的一切可能性的那种热情和能量？有哪个时代曾经如此彻底地考察过所有的可能性，并把如此美好的信念和热情的努力与每一种可能性联系起来？其他任何时代都从未如此层出不穷地产生新的经验，从未在如此广阔的范围内，以如此广博的知识来探讨人生的问题。因此我们可以确信，从那些看上去只是缺陷和否定的东西中，最终将出现一种肯定的解答。

因为，什么是这一缺陷和否定的真正原因？使我们如此尴尬的并不是一种外在的力量，而是我们自己的生活。对立并不在我们之外，而是在我们内部，因而证明了我们的力量。那些未能满足的要求并非从外部强加给我们；它们产生于我们自己的本性，并且表明了我们必须付出努力的方向。

任何一位不带偏见地观察现状的人，都会对这一事实留下深刻印象：在所有这些斗争和混乱的背后，有一种更为圆满丰富的生活力图在它们之中实现它自己，用力量和热情充实它们，然后，毋庸讳言，又不满地从它们返回来。正是因为内心深处有某种东西搅扰着我们，而且又不曾完全了悟，我们才堕入如此的不安和窘困。何况，这些不同类型的经验用以彼此破坏的能量本身显示了一种走向统一的明确运动。我们能够评论和批判如此众多的不同运动，这本身便证明了一种确定的优势。依附于一个党派可能只是一个人的一部分，而人类作为一个整体，一定不止于此。因此今天我们无可否认地处于一种极不安定的状态，其中肯定的因素和否定的因素奇怪地混杂在一起。一种新的生活趋势正在发展，但还不能充分地肯定它自己。它对我们的影响超出了我们的想象，但它还没完全成为我们自己的。当然，我们的缺陷和否定则竭尽所能地反对它。

然而，如此作了一般陈述的概念，对我们并无多大帮助。倘若我们的工作是为谋求进步，就必须有明确的问题和明确的突破点。由寻求生活意义而产生的经验提供了足够多的问题和突破点，因为从这些经验中我们开始看到问题的关键所在，以及我们应当沿着哪一条特定路线去努力。在此详细说明主要之点将会使我们认清局势。生活的意义之所以对我们模糊不清，主要因为我们被我们应当采取的立场所分裂，而且哪一方都不可能吸引人们普遍接受它自己的特定信念。对一个不可见世界的坚定信念与对直接环境的专心致志似乎水火不相容。可见的世界，虽然有各种各样的可能性，却无法满足我们本性中的某些迫切要求，而且，即使极尽其能事，也无法给生活以意义，这一点已很清楚。因而倘若我们坚持寻找这一意义，必定是由于我们的生活具有从直接环境所无法达到的深度。但是倘若认为一个不可见世界的概念因此而变得更加重要的话，迄今它向我们呈现的方式却很难令人满意。我们不再满足于旧有的基础。建立在它们之上的生活已经变得太狭隘，它不能赋予我们的直接环境以历史发展已承认的重要地位。因而看来紧迫的是要推进到这样一种生活，使一种具有双重性的出发点能为人理解，即既保留不可见世界的安宁与稳定，又不因此而破坏直接经验的现实意义。若不扩大我们关于实在的概念，若不区分生活的不同层次，实际上，若不经历某种转换，我们便无法对付上述要求。这一切是否可能，尚未见分晓。但是有一点我们必须首先记住，倘若不可见世界要有必要的稳定性与广阔性的话，它便不能只是我们有限的渴望的对象，不能只是从我们有限的经验状况中费力作出的推断；它必须是完全独立的，有它自己的生存权利。但是，这是不可能的，除非我们能够从中发现生活与存在的一种非衍生的完整性，而不只是我们的现有能力沿着某些特定路线的进一步发展。因此，我们要努力记住这一点。

至于对生活的塑造，我们再次看到两种互相对立而不可调和的倾向：一种倾向试图把生活同化到世界中去，另一种则想把注意力集中在人身上。把一切都归结为一种宇宙的过程，摧毁了人的自我性，同时摧毁了他的生活的全部价值。自然的机械结构与思维的辩证法在这方面是同样致命的。但是，另一种倾向，把注意力集中在人身上、只关心他的外界状况的办法，导致一种如此狭隘、如此贫乏的生活，引出人性中如此渺小、低微的东西，而且完全无力与其更卑劣的成分斗争，以致不可能把它看作一种最终的解答来欢迎。于是，倘若各方在与另一方对立时都被证明是不充分的，倘若世界太冷酷，而人太渺小，并且同样没有灵魂，惟一的结论只能是，我们必须放弃互相排斥的选择，并试图超越它们之间的对立。人必须以这样那样的方式、在或大或小的程度上同化世界，使之成为他的直接的个人生活的一部分。他必须在其存在的深处找到一种精神的解脱，脱离纯粹自然的生存的限制和狭隘性。但是，当人与世界被如此地连在一起时，它们的面貌便立即全然不同于过去。也许它们之间关系的深化将使我们能够超越那些本来会打乱和分裂我们的生活的对立，就世界而言，是自然与理智的对立，就人而言，则是社会与个人的对立。

争论点（整个争论的关键之点）是，人是否能够在心中超越世界，并在这样做时根本地改变他与实在的关系。这是我们现代文明必须面对的大难题。我们的视野的不断拓宽，劳动的向前发展以及智力的日益开发，似将越来越有力地抑制人的个性；他在以往年代较简单的思维中的旧有优势似乎已经一去不复返。他曾经是宇宙的中心，作为上帝之子或理性的卫士而行动，现在却逐渐转移到非常次要的地位。他只是"大海里的一滴水"，完全没有希望在精神上接近实在的伟大源泉。人同化世界的一切尝试都被进步文化称为纯粹拟人化。人敢于对实在"拟人化"岂不也是一种主张？即便科学岂不也正如宗教和哲学一样是我们自己思想的表现？看起来，虽然人从来不能逃离他自己，然而，当他被关闭在他自己的单调领域中时，他深感空虚。惟一可能的补救法是彻底改变人自身的概念，在他内部区分狭隘的生活与宽广的生活，一种有限的、从不可能超越其自身的生活，与一种无限的、从中可以接触到宇宙的广袤和真理的生活。人能提高到这一精神水平吗？我们为生活提供意义与价值的一切希望都建立在他能做到这一点上。至少我们今天认识到，试图从个体之外的任何地方去寻找它是毫无希望的。

此外，只有相信人的精神可能性，才可能对付今天的事态必定给每一个思想丰富的人造成的阴郁影响。我们所面对的是自然的广阔与无情，人在茫茫宇宙中的孤苦伶仃，社会生存情绪激奋而精神贫乏的疯狂旋涡，人由于自私、由于受表面现象的奴役、由于放任他无法控制的自然本能而表现的道德低下；这一切尽人皆知，是无可回避的。然而我们要问，这是否便是全部的终极的真理，是否必须作为无可逃脱的命运来接受，从而放弃对生存的合理性的一切信念；或者，我们是否可从另一方面提出某种理由，使我们能够武装起来反对这种绝望的判断，试试有无可能甚至获胜。谁选择了后一条路线，他将只能迎着困难向前，将不断地冒险，但是这是使人有可能在精神上保存自己的惟一路线，正是在这里，歌德的名言得到了证明：必然性是最好的律师。

试图重建

根　据

主题

人是否仅此而已，在人身上是否就没有比以上探讨让我们认识到的更多的东西，这个问题只能根据人自己的生活来加以讨论。正是我们在人生中发现的东西将决定我们的答案。确实，我们从生活中发现了某种东西，它不仅仅是一个外部世界给心灵投下的阴影，不仅仅是一个要由外部来填充的虚空。而且，它也不是需要由另一侧面来补充的实在的一个侧面，主体对一个位于外部的世界的应答反应。因为，对于在我们自己的生活中看不到的世界，我们一无所知。甚至当我们从我们的生活中抽象出某种特征并把它作为一个对象放在我们自己面前时，其实也并没有真正把它放在我们之外，而是仍然在我们生活本身的范围里，给了它一种特定的确定性和普遍性。我们不可能，也永远不会逃离包含着主体与客体的相互作用的生活过程，逃离这一意义更广泛的生活。我们能否超越我们的限制，只能取决于这种更广泛的经验的性质。在这里沉思和推理无济于事。

从太古时代起，人们就试图把握和集中人的各种独特特性，从而确保人的突出地位。我们被告知，人是一个精神的存在，他在精神界的成员资格给了他一种独一无二的地位。在个体的生活提高到一种个人的、精神的水平的过程中，亦即在文明的形成过程中——在个体联合形成诸如社会、国家乃至人类本身这样伟大的精神组织的过程中，同样，在建立诸如科学和艺术这样巨大的结构的过程中——在这一切过程中，有如此众多新颖独特的东西，人们终于发现，它本身已足以保证人的优越地位，并使他的生活充实完满。

那么，我们为何要对这一优势提出质疑呢？主要因为我们越来越深刻地认识到我们是如何受自然规律与我们自己人性的束缚和限制，使得我们对这一新发展的意义与可能性产生怀疑。特别是我们认识到，它所提供的内容和我们由以了解它的形式之间存在着一种极其尖锐的矛盾。精神生活按照它自己的立场发展它自己的王国；它提出它的真理，仿佛不受人类可能遭遇的境况和变化的影响，不受个体之间差异和冲突的影响。它甚至自称远远高出于人的一切奇思异想，并且能够控制和支配它们。它声称能提供一种标准，以衡量人的一切成就，并屡见不鲜地发现其不够标准甚至一塌糊涂。但是这些运动首次在他身上出现的那同一个人，就他的直接生存而言，仅仅是许多类型中的一种，受到许多方面的约束和限制，并完全服从于他自己的本性，这给他规定了某些他所无法逾越的界限。他决不可能超越他自己的力量。在思想的游戏中，他不妨构想一个世界，不妨沉迷于大胆的、创造性的想象构造，但是很难看出，这些想象的图式如何可能对他具有任何现实性，如何可能开启任何新的真理并对它们的作者即人施加任何有益的、使之提高的影响。初看起来，他试图给他自己制造的世界一种独立性，这无非是一种不合理的拟人化而已。一个如此构造的世界，无论有多少优点，都不可能为大家共同拥有，并获得普遍的有效性。因为在我们日常生活的水平上，我们看到人类分裂为互相隔离的单元。每个人有他自己看待事物的方式，而且像其他人一样具有这样做的权利。因而可能有无数种彼此纵横交错的运动，却不可能有一个独立于个体经验的共同世界，因而也不可能有一种为大家所共有并且对一切领域都有效的真理。但是倘若情况果真如此，生活中果真没有内在的伙伴联系的话，那又如何可能存在科学与艺术、正义与道德、相互理解与同情合作呢？这些甚至不可能成为我们追求的目标。我们甚至不会想到它们。但是我们确实想到了它们，我们确实在追求着它们；而且，无论我们的努力如何不完善，它仍然很有效，已经引起了许多变化，不仅是人的思想的变化，而且是他生活整个内外情势的变化，以致不容把它仅仅解释成一种自我幻想。于是，我们直接面对着一种明明白白而又无法忍受的矛盾：那个自称为是并且必须自称为是独立的世界，看来只是一种按完全不同的计划塑造、受各种各样限制、隶从于自然条件的生活的产物。倘若如此从属于其他条件，它又如何可能不折不扣地表现它的真实和对它自己的基础、它永远不能离开的根据的优势呢？倘若无法超越这种依赖关系，而且一般地说，无法超越我们所发现的这个世界的话，则一切我们所谓的精神发展，都无非是一个飘荡在我们生活中的幽灵的活动。任何精神的东西都无法逃脱自称为某种东西而又无力成为该东西的矛盾立场，因而它不可避免地陷于一种内在的虚妄不实状态。

逃脱这一根本矛盾的尝试屡见不鲜，但最终全都导致同样的两难困境：或者是，人身上的某种独特的东西，通过他的各种各样活动追求建立一个新世界的目标，会立即对人的有限性以及他的整个感官环境的要求提出挑战；或者是，所有这一切都只是人的制品，因而只是一种不实在的幻觉，否则便是产生于一种比人的个体本性更深刻的源泉，从而证明这样一种源泉是存在的。倘若它并不依存于人，它便不能成为他所特有的人类禀赋的一部分。相反，人必须从它之中找到中介，使他可能介入一种普遍的生活；它必须引进一种与自然的现实舞台不同的新的现实舞台，诚然，这种现实只对人类中的我们显示，但是它并非产生于人，因而并不从属于人的局限性。换言之，人的精神生活毫无结果，我们对它的一切关注只能是追逐一种虚无缥缈的东西，除非在它背后有一个精神的世界，它能从中获取力量和可信任的证明。对我们自己生活内部精神性的自立能力的认识，根本改变了我们对人与世界的看法，改变了我们的生活必须面对的问题；不仅如此，它对事物的全部现存秩序发动了彻底革命，不久我们将必须更详细地表明这一点；然后，我们还将进一步考察这一变化是否包括对人的提高。正如我们已看到的，没有这种提高，人生便丧失了一切意义与价值。

方才提出的断言显然是自明性的：它不可能像仅仅构成某个思想链之一环的一个命题那样得到证明。相反，像所有的公理一样，它的证明只能由两条争论路线的会合点得到，一条是较为否定性的，而另一条则是肯定性的。必须指出，对付我们当下问题的一切尝试都必须达到这一转折点，否则只能失败或一蹶不振；而且，这一关键性的认识本身便是一切精神进步的必要前提；不仅如此，还是精神活动赖以存在的必要前提。此外，还必须指出，对这一公理的充分认识与说明给生活施加了广泛的、使之提升的影响，使生活所有各种各样的活动会合到这一新的出发点上，而在这样做的时候，一种清晰的、相互连结的、完全的发展第一次成为可能。向同一点会合的运动越是多样，我们便越有把握不是在同幻觉打交道。我们以上所作的所有论述都是关于以前的，都是较为否定的证明；而在下文里，将给出肯定的证明。

为此目的，我们必须简略回想一下关于精神生活、关于世界、关于人性的一般观点的变化，这种变化与把精神生活提升到一切纯粹自然的东西之上有关。精神生活要摆脱我们的有限性，势必在同时表明它自身的独立性与本质上的普遍性。然而，这种普遍性所涉及的要求不可能满足，除非精神生活显示它自己不只是一种已经存在的实在的附加物，相反，是实在本身极深刻内容的展现，实在正是在这里获得自我直观性并显示出一种深刻的意义，那是自然过程的一切繁忙活动所不可能展示的。这样，我们才能够把世界理解为一个整体，而我们所习惯的对自然图景的描绘，显示的只是各种互相连结的元素的相加。与此同时，根本的生活观念发生了彻底的变化。在自然领域中，生活注重于外部，主要关心如何在事物的变化中间保持相对永久的地位；而现在，它开始有可能考虑它自己本身的状况，并且有可能发现它的最高任务在于自我发展和自我修养。这样一种生活不会仅仅花费在用心灵来复制世界，或者用世界复制心灵，实质上这是完全多余的行动；相反，它会超越对立，并会通过两个系列累进的相互作用提高生活的整个水平，并结束最初呈现的不完全、不一致的局面。只有当生活变成主动自觉的，从而把对它本身所发生的一切认作一个整体时，它才能获得一种独特的内容。但是，倘若我们希望对这一内容知道得更多，就必须摆脱一般的考虑，诉诸于通过思想的作用得以系统化、明朗化的生活本身的自我揭示。由于对一个更深刻的实在的认识改变了整个世界的面貌，它也就为世界规定了一种特殊方向的发展。经验告诉我们，实在的两个领域，分别以自然的形式和精神生活的形式呈现在我们面前，它们之间的关系随着时间的推移而发生变化；它们并非肩并肩地处于无始无终的当下；相反，在精神生活能够在我们的经验中显示出来之前，自然的生活必须先达到一个发展高峰。确实，看起来，精神生活是一种较迟的发展，而世界是逐步地从一个阶段前进到另一个阶段。但是，当我们谈论这种前进的运动时，决不能以为后面的阶段仅仅是以前阶段的一个产物。理由是，在变为自觉的过程中，实在在本质上成了某种新的东西；实际上，是某种全新的东西，决不能把它理解成自然的简单延伸，也不能理解成根据简单顺序和共存排列所作的记录。但是，倘若这一变化果真标志着一种新的、独创性的东西的涌入，那么世界的进步便不只是一种发展，而是一种自我发展。自然的和精神的阶段都归入一种包罗万象的生活，它的自我发展过程本身便是由一个阶段向上前进到另一个阶段，由于其自身运动的驱使在我们的宇宙中获得完全的实现。这并不意味着把自然与精神割裂，使它们形成两个互相隔离的世界，而是非常强调地指出，我们必须注意，不能认为它们是互相平行地连结的，这样认为，将迫使我们或者把精神从属于自然（甚至牺牲精神），或者把它们两者都变成最抽象的形式概念。

一旦我们承认这两个阶段的存在以及世界运动的进步性质，我们便开始明白人类生活在其中发挥的作用有何等特殊的重要性。因为它发生在两个阶段的连接处，在一个阶段进入另一阶段的地方。人并非只是供戏剧上演的剧场。他自身的活动乃是情节发展所必不可少的；实际上，他在其中扮演一个关键的角色。但是，倘若实在的自我直观性并不在某种绝对意义上成为他自己的，并不在某种意义上成为他自身行动的灵感，他不是也可能会在这一世界冲突中合作，并为自觉的实在赢得对单纯相关次序的应有的优势吗？当然，无需更多论证，我们便可以看出，人若不摆脱其特定生存形式的有限性，承认精神生活即现实的自我直观性乃是他自身本性的本质，他便不可能把自己提高到自然之上。我们已经看到，迷恋于直接环境不可能给生活以内容。在它提供给我们的生存背后，永远有一种深刻的、无法满足的渴望。它是一种情绪极为热烈的生活，但它缺乏实质；倘若精神世界将提供这一实质的话，我们就必须在那里寻找我们的真正本性。那里的要求，不是努力追逐某种遥远的东西，而是回到人的自我，实现人自己的本性。即使从感官经验的观点看，这一实现也是艰难的、永无完结的；考虑到精神生活的独立性，这一任务的困难更是大大加剧。因为这一考虑不可避免地带来一种新的责任感。我们不可以再限制自己，只关心生活的这一那一具体特征，而必须把更新我们的全部存在作为目标，全力以赴以使我们的日常生活摆脱一切使之复杂使之泄气的东西。但是，虽然一个崇高的理想由此竖立在我们面前，该理想仍然位于我们的范围之内，而不是在它之外。我们认识到生活的根本关系并不在于与任何外在于我们的存在形式相连结，而是在于与一种精神世界的联合，它与我们的实质本身是一致的。一种特殊的生活类型不可避免地从这些信念中产生出来，而且，正如我们将看到的，它与我们至此所考虑的类型有明显的区别。

因而，人本身便是一个大难题。没有一个封闭的范围可以关闭他的本性。他的独特之处事实上正在这一点，即一种特别有限的存在形式（他身上纯自然的东西）接触到一种普遍的超自然的生活。这种接触的结果是引起碰撞和斗争，使整个生活因为相互冲突的情感而处于紧张状态。我们大家全都很了解，一当人的生活开始努力摆脱其本性之时，它会被何等普遍的不安所占据。

我们的精神生活借以发展的方式，非常清楚地说明了我们经验中的不同世界的这一会合。精神的真理不能吸引我们，除非它作为我们自己的真理来到我们面前，而不是作为与我们格格不入的东西。为了提出有效的号召，它必须植根于我们的本性之中，并帮助这一本性的发展。但同时，它赫然高耸于一切人类弱点之上，它具有或至少可能具有主宰人类一切目标的力量。我们无法根据任何其他的观点来解释义务这个观念，解释激发一切独特的精神劳动的理想（比如说，我们的思想规范，或艺术创造的规则）。这些标准不容违反，对我们具有强制力，虽然这种强制力并非来自外部，但是在我们的本性中有其地位。它们还表明这一本性如何显然区别于自然感情的直观性。精神的价值标准履行同样的职能：它们断然区别于一切仅仅出于快乐和功利的考虑。它们是我们的，但又不止是我们的。它们把我们提升到单纯人类世界以外的另一个世界，同时，对于我们来说，它们又比任何其他东西所可能成为的更内在、更本质。

正是这条思想路线第一次显示了人所进行的自我批判的意义，包括对他自己经验的批判，也包括对更大的历史世界的批判。在这后一个领域中，现代给自我批判以极为重要的地位，慷慨地使用它。所有一切未能经受其详尽检验的东西，都被判定为不能令人满意的、未经证明的，而且，人们像康德一样，越来越想把它运用于生活的最深层结构。但是，批判如何可能超越纯粹主观推理极不确定的状态？倘若人的本性中并不隐含某种支配所有任性的想法和意见的标准，它如何可能产生任何新的东西，如何可能拥有检验我们的工作并推进它的能力呢？我们不得不承认，生活在此走到了岔路口。一种新的理想高耸在它的面前，而这种崇高的目标仍然属于我们人类生活的范围。

于是产生了分裂及种种混乱。但是，正是这一分裂，连同一种独立的精神性的突出，使得人与世界之间的鸿沟有可能被超越，这种鸿沟严重阻碍一切精神生产。我们已经深信不疑的是，无论人或世界，单独都不能为生活提供一个稳固而永久的基础，我们必须把两者结合起来。但是，我们不能从外部把它们结合在一起。它们必须内在地相互联系。若无精神生活的独立和它在人身上的显示，这种联系是达不到的。倘若假定这种独立和这种显示，则可推出，在被提升到精神水平上时，我们被移入了一种普遍的生活，但它并非是陌生的，而是我们自己的。于是精神世界的真理可以在我们自己的经验中实现；我们可以直接受它的鼓舞推动。反过来，我们在这一更高水平上采取的所有行动都对世界具有直接的价值，有效地改变了它的构成。我们可以确信，我们自己的进步对总体的成就作出了贡献。我们的劳作与奋斗所具有的意义超出了我们有限的范围：它们影响整体的幸福。

我们自然会期望，对人的精神世界的认识，连同为了实现它而对我们提出的种种要求，会给我们关于心灵及其活动构造的图景带来非常重要的改变。不过我们不想在此追究这些不同的变化。我们只需问，这一认识是否给生活一种真正的提升，没有它，生活便没有意义与价值；以及，它是否能从它为生活所作的新阐释和它所打开的力量新源泉得到证明。因为这样，并且惟有这样，才能为我们的主要论点提供肯定的证明。

展开

当回顾前面的讨论并考虑到它为我们现今生活的不合人意和混乱状况提出的证据时，我们觉得有三个要点还得作进一步论述。首先我们需要一个稳固的基础，一个精神支柱；其次，我们需要首创性，发明创造的能力；最后，我们需要摆脱不纯洁的动机，因为我们的生活若要有意义与价值，就必须是伟大而高尚的。我们来看看，由于承认我们内部的一个独立的精神世界而发生的生活，是否可能满足这些需求，使生活稳定、自由、高尚，是否可能用一种丰富的、令人满意的内容来填充我们心灵的空虚。

努力保证生活的稳固基础

　　以上关于基础与出发点的讨论，已使我们熟知搅乱我们现代生活的分裂与怀疑。被一方宣称为无可争辩的东西，另一方则以同样热烈的信仰提出争论。我们看到，对一个不可见世界的信仰，无论是唯心主义的还是宗教的信仰，都已名誉扫地，而相信此时此地给定我们的可触及的东西，又使我们在世界与人之间徘徊：一种情况是在自然与理智之间徘徊，另一种情况是在个人与社会之间徘徊。同时，这个出发点问题不只是个形式的问题。我们作出的抉择将决定全部努力的目标与方向，还将决定什么是首要的，什么只是次要的。从旧的思维方式转为新的思维方式，何等深刻地改变了生活的性质：一种把世界作为人的研究的出发点，另一种则把人作为构造一个世界的出发点！较为原始的生活富有审美特色，爱好综合，以艺术研究为理想；而我们自己则无情地解剖现实，有更为敏锐的分析精神，更爱把现实的全部结构建立在思想的艰苦劳动之上，这两者之间形成何等鲜明的对照！因此，可不能低估了这一问题的重大意义。

现今错综复杂的情况使我们充分感觉到我们的处境之困难。除非我们乐意受一切偶然影响的支配，否则就必须不停地留意我们精神基础的稳定性。但是，是否不存在这样的危险：这种稳定性会蜕变为静止不动的东西，过分地限制和缩小生活的活动范围？历史不是已经告诉我们，这两种十分显然的选择同样不可能吗？现代思想，自觉地维护主体的权利，积极发展它的各种潜能，不可能把世界作为一个出发点，而它自己的从主体或主体的某种主要特性诸如思想或道德行动出发的尝试，正日益变得不为人信服。倘若人要成为我们在组织生活和形成对现实的概念时由以出发的固定点，他本身必须是存在的无可争议的中心。倘若他不是这样的中心，把他作为出发点便是一种臆断。我们将很快为这种臆断受到惩罚，即得出不适当的生活概念以及对我们自己的事业缺乏信心。于是对问题的习惯处理使我们在两种解答之间无力地徘徊。

然而，对人的独立的精神生活的承认，开拓了一种新的处理方式。如我们所见，在这里，人与世界的对立原则上已经克服。这种精神生活的运动，既是世界的展示，同时也是人自己的个人经验。还有一个益处是，事实上生活现在把它的范围转入了特殊心理活动之外的领域，在这个新的场所独立地组织它自己，并在它自己的范围内构造一个新的事实域。实际上，生活得以如此形成，并通过它的广泛活动包容和超越主客体的对立，这一点至关重要。因为我们由此而有了这样一种过程，它的各种联系、活动和宗旨全都属于它自己；它设立了一系列现实，这现实不可能仅从人的官能产生，它能够表明自己超越了我们的有限性。正是这从根本上提供了基本论据，使我们的确信和努力有了一个出发点和支柱；即是说，在我们人类经验内部表现了一种我们曾经描述过的独立自足、功能齐全的生活。正是这种生活成为人所显示的一切精神活动形式的基础。一切精神的努力，无论其进行者是否知道，是否想望，都需要颠倒现存状况，把支点转移到这同一个精神立场。即使我们在唯物主义那里看到的对一切精神性的直接否认,在它要求真实的主张中也暗暗采取了这一立场。*

自由与首创精神的成长

倘若生活要有意义,自由便是必不可少的。必须能给我们的活动一种个人的特征,并推进到一种自主的生活。否则,我们的生活便不完全属于我们自己,而是由自然或命运指派给我们,它在我们内部发生,却不是由我们决定。这样一种半异己的经验,从外部强加给我们的角色,势必使我们对它的要求漠不关心,倘若我们冷漠置之的东西竟然吸引了我们的全部精力,竟然变成了我们的个人责任问题,我们的生活便将在令人气馁的矛盾中挣扎。

然而,自由,在我们此处所关注的意义上,并未得到现代人的欢心。我们到处被告知,老问题终于被解决了,人无非是宇宙结构的一个部分,只有不精确的头脑才会从这一结

---

* 参阅本书附录。

构中发现任何自由的漏洞。于是，自由被断然否定，而生活由此失去了自给自足性和可理解性，这一事实或者被忽视，或者被低估了它的重要影响。

但是，由于我们一直坚持生活的可理解性，我们不可能如此轻松地抛开自由，因而必定要问，我们对精神生活所作的论述是否能更适当地解释自由问题。我们认为肯定能够，而且能从两个方面做到：一方面通过把真理建立在一个新的基础上，另一方面通过它所揭示的实在的独特内容。

为何捍卫自由的人似乎在倡导一种虚幻的理想，其主要原因在于，科学已给我们提供的一幅世界图景、一种实在图式与自由格格不入。特别是，机械因果论的自然观已被搬用到人类生活和心灵的经验中。这种观念不给自由和首创精神任何机会，这是一刻也不容置疑的，但是它是否能正当地运用于心灵的问题，实在是大可怀疑。

事实上，要探求生活过程的真正意义，不应该凭借对外部世界的任何间接关联。关键的要素其实是它所展现的现象以及它在自己的发展过程中所提出的要求。倘若我们能够发现它表现了（至少在它的最高水平上）一种根深蒂固的自发性和首创能力，则我们必须承认这是一个根本的事实，而把另一个问题即如何使这一事实符合因果链降低到次要的地位。决不应当把首要的事情放在次要地位；决不应当为了某一特殊理论的要求而牺牲个人生活经验。倘若我们对实在的理解显得不是那么容易和简单，不必担心。我们怎么能肯定，世界一定是严格按照最方便人类思考的方式构成的呢？但至少有一点显而易见，无论谁把世界归结为一条简单的既定现象链，从而剥夺了它的自发性，都将立刻使它完全丧失镇静与本质。

至于生活的内容，当我们承认一种独立的精神力量是生活的基础时，我们便不再认为这个基础是我们一切活动的不可更改、无法达到的背景，而是一种独立自足、自我发展的生活，是我们自己可以赢得其中一部分的生活，并且在这样做的时候，把我们自己的生活提高到同样自创性的、自由活动的水平。承认精神生活独立的结果是，我们使它更加远离处于当下现实状况中的人，使它成为他的一个难以达到的目标；但在同时，他会更加努力，更多地实现它，而且很清楚，一切真正的精神活动都与承认和占用精神世界有关，同时又与个人的决定有关。这决定不只是深思熟虑的偶然结果，它与整个精神世界而非它的任何特殊部分有关。因此它影响我们的全部生活。在我们所看到的一切精神力量的真正表现中，都包含着这种承认、占用和决定。对这一点的最好证明，莫过于它在整个历史中使人们为保存和培养精神生活所承受的严酷斗争。这种斗争仍然存在，甚至侵入了个体的生活。在那种仅仅是外在的附加物的精神性和那种本身就是我们的生活的精神性之间，我们到处可以看到一条清楚的界线。但是，它能成为我们自己的生活，只能靠我们自己的行为和决定，我们与精神生活的合而为一，以及我们本性中一切关注自身利益的本能的牺牲。

正是这种精神生活的占用（我们不妨说个人化）首次在心灵内部唤醒了一种确信，使自我表现有可能达到完全的自由和自觉，而这是一切推动人类进步与革新的伟大的创造性劳动所必需的。这样的进步决不可能从我们日常经验中很熟悉的那种本能的、因袭的、有限的精神活动获得。我们谈论的自由或自觉，不是什么可在瞬间赢得、可与他人分享、可贮藏起来传给后代的东西。每个个体必须通过他整个一生的努力，重新占用它，在它一切系统的意义上表现它。正是这样的努力提高了生活，使它不只是一闪即逝的瞬间的连续。自然界的一切是连绵不断的，除非受到外部变化的影响；精神世界则不一样。当人的心灵离开它时，它会低沉衰落，并停止其不断更新和重振的工作。因为即使它的外部形式保持不变，它也必定会降低为机械的习惯，降低为虚伪的、半心半意的例行公事。因而，一切真正的精神性都涉及一种成就，整个生活投入其中的一种成就。从这个观点来看，生活并不只是从一个线团上把线抽出来；它是一个不断地引进新材料、不断地创造的过程。

正是这一真理首次使我们能够正确地理解人类以及个体的不断发展的生活。这种生活决不只是进化，以后的事件肯定地、必然地从以前的事件中生长出来的进化。相反，从精神上考虑，过去的收获及其对现在的贡献无非是些可能性，它们的实现有待于我们自己的决定和首创精神。否则，便不存在真正的现在。

人对精神生活的自由占用以及与它的合而为一，还显著地表现在这一事实中：它在我们中间的发展取决于他自己的工作。这种努力带给他烦恼和忧虑、痛苦和牺牲，但是，没有其他东西能把他与这种生活更紧密地联系在一起，使他从中发现他的自我。人的劳动的根据必定存在于一种更高的精神生活中，然而，无论这一点如何确实，它所采取的精确形式却只能由他自己的斗争所决定。他的努力并非像一座金字塔高耸在既定的基础上。它并非按照一个规定的方向不受干扰、不偏不倚地产生。因为，怀疑总是在重新袭击那些基础，甚至混淆主要的意义。于是，我们必须不断地重申生活的精神特性，我们今天所处的境况非常清楚地表明了这一点。

个体的生活同样如此。惟有自然主义可能把个性看作一种既定不变的量，其一切联系都是外部的。说实话，一种精神个性的获得形成一个崇高的目标，只有通过相当大的努力，并且往往要有相当多的自我改造和自我约束，才可能实现。只有当人认识到并充分了解他自己的精神本性的独特性时，他才可能着手这样的工作。这种认识，远非只是一种理智的赞同，而是涉及一个决定，不，一种自我肯定，在这个行动中，整个人格都起了作用。

实际上，这些运动并不是强加在偶然的观察者身上的，它们本质上是现存的、主动的。不仅如此，对精神生活独立性的认识，把所有这方面的努力凝聚在一起，使之坚强有力。因为随着这一认识，出现了一种影响我们生活一切方面的严重对立。人类出现了各种各样的分裂和等级。提高人的生活重心、使他能够与世界的结构相协调，便成为最重要的事。没有人的参与和决定，在他那个特定点的运动便不可能有进步。试想，提高到一种精神自由的水平，提高到这样一种生活，巩固该生活的行动本身便使他能够分享全部现实的成果与发展，与这样一种可能性相比，还有什么更能体现他生活的意义与价值呢？

对自然人的抑制

　　精神生活应当与人直接联系，应当直接诉诸于他的才能和感情，这是一种古老而持久的要求。倘若这一生活在我们人类所领悟的范围之外一无所有，我们便被排除了一切内在生长的机会。精神的善和精神的目标只有在促进我们的物质幸福时，才对我们有影响，而在被如此改变之时，它们几乎会被摧垮。因此，在任何地方、任何时候，只要意识到纯粹自然观点的局限和不足，必定同时也有一种摆脱这些局限、争取某种超越局限的生活的热情努力。宗教以其神秘的形态为这样一种努力提供了最清楚的说明。在神秘主义者看来，一旦人类的种种习俗被宗教生活的潮流所融化，一种无限的幸福便会展现出来。不过，即使现代的研究领域，也可能显示同样的趋势。一些重要思想家试图把生活推进到这样的地位，它的真理应当与人无关，它的有效性也不以人而转移。有些人在思想中、在思想的必然的自我发展中寻求这一顶点，这种思想本身便是它自己进步的源泉与动机。另一方面，康德认为，我们应当从道德行为中寻找摆脱了具体的人类局限、同时又适用于一切有理性的人的东西。于是超越单纯自然观点的努力立刻证明了我们天性中的一种需要，并被体现在一定的历史运动中。

但是，在试图给纯粹自然的和声称为超自然的东西划一条界线时，所有这方面的努力都遇到了难以克服的困难。我们所向往的这一崇高目标没有足够清楚地界定，也没有足够警惕地防止高级与低级的混淆。于是有这样的风险，我们可能并未真正超越自然，只是无限地扩大了它的界线，而没有造成任何内在的改变。为了与这一危险作战，有两点是必不可少的：首先，精神不能作为不同级别的生活的一种属性，无论多崇高的属性。它必须有它自己的自给自足的生活。其次，这一新的生活必须能够作为人的生活和存在本身立刻呈现在人之中。否则，对他来说，它便只能是达到某种异己的目的的一种手段。

惟有这些要求能够保证我们的努力的成功，而承认一种独立的精神生活及其在人身上的展现满足了这些要求。现在我们必须指出，我们在此所关心的不只是言辞的转换，而是一种影响到问题的真正核心的变化。

首先，只有通过这样的认识，我们才能为生活提供一个新的直接的中心，从而对我们的根本的实在观发动革命。因为精神生活在人身上的直接展示必然说明它是最基本、最直接的，是生活的真正基础。所有至此一直被认为是最直接的东西，如感官世界甚至社会世界，现在都被降到次要的地位，都必须在这个精神的法庭面前证明它的权利。换言之，被各种现行观念看作彼岸世界、必须参照感官世界来得到证明和辩护的那个世界，现在成了惟一凭本身的权利而存在的世界，这惟一真正实在的世界既不要求、也不同意被从任何外在的源泉派生出来。每当精神苏醒过来总会发生这样的革命，精神产生于一个更高的源泉而不是与感官世界共生，当唯物主义者想要合乎逻辑地表述他的观点时也必须接受这一更高的境界，所有这一切都不难证明。但是鉴于我们以上的所有讨论，这已无需证明；我们只需指出一点：人类的精神生活的发展包括一种价值观的彻底转变。历史发展过程告诉我们，感官的直接性不断地越来越多地把它的优势让给精神的直接性；外部生活被按内部生活的观点来经历、来看待，而不是相反。托勒密的地心说被哥白尼的日心说所取代。

但在同时（这对塑造生活至关重要）它至少有可能区分真正精神的东西与纯粹自然的东西，从而把一种模糊的一般的冲动变成确定的有效的工作。纯粹自然的行为者，即使在关心精神任务时，也无法逃脱主体与世界的对立、心理状态与客观环境的对立，因此他在这些限制之内徘徊，没能取得任何真正的进步；相反，精神生活则包容了这一对立，并能凭借其丰富的创造力，以某种内容丰富生活，该内容通过思想、感情和意志这些心理的机能而表现它自己，虽然它决不可能从这些机能中产生出来。无论我们在哪里发现了这一精神的内容，这一生活过程的进一步发展，这种独立存在的实在的展现，我们便在哪里超越了纯粹自然世界的界线，而精神生活的基本特征也可成为人自己的特征。从真理本身、从整个精神世界汲取灵感的创造力，现在可以直接展现在人身上，并把他的生活提高到一个无法测量的更高水平。精神生活的运动、斗争和经验全都变成了他直接关注的事，当然，只有当他获得某种长处使他远远超出一般水平的时候，才会这样。

在宗教的领域里比在任何其他地方都更容易看出这种由此而成为可能的变化，虽然这种可能性还没有实现。因为这里有两种宗教的明确区分：一种纯粹人本主义的宗教和一种精神生活的宗教。前者向人许诺永恒的幸福而不要求人从根本上改变他的本性；后者则提供精神生活的独特表现，带来新的要素和新的价值观，并造成人的彻底改变。实际上，一种严格人本主义的宗教，虽然它包括全部确定的关系，却完全配不上宗教这个名称。它所拥有的这些宗教的要素只是真正的宗教的一支序曲或一个结果。真正的宗教旨在通过追溯最深刻、最终极的东西来确保精神生活的存留与胜利。惟有如此，宗教才赢得一个独立的地位和提高内在生活水平的力量，而放弃这一精神基础，总是使她丧失她的独特内容，以及凭她自己的权利生存的一切要求。相反，通过坚持这一基础，宗教决不按照人的狭隘眼光来支持他，而是用永恒的、无限完美的神圣生活渗透他的生活，把他提升到无法测量的更高水平，并对他的本性发动深刻的革命。

精神劳动的其他领域同样如此。它们混杂在一种独立的精神生活之内，并非仅仅有利于它们在某个特定方面的发展，而是首先使它们形成独立的结构。例如，当正义被看作一种保护人的幸福的单纯手段并被照此对待时（不管是个体的幸福，还是整个社会的幸福，都无本质的区别），它便失去其一切独特的特征。它不再能强制我们根据它自己的观点看待生活；它不再能改变事物的现存状况；它不再能用一种原始激情的力量支配我们的心灵，用一种不可抵抗的精神强制力反对一切关于后果的考虑。相反，它堕落成为功利的顺从仆人；它让自己适应于她的要求，而在这样做时内在地毁灭了自己。只有当它作为精神生活在我们人类世界内的独特展现、作为一种超越了一切权宜考虑的崇高存在出现时，它才能保存它自己。那时，只有到那时，它才可能在精神上使人（把它看作自己所有的人）变得高尚起来。

适用于个别劳动领域的，同样也适用于整个文明的作用。没有一种文明能够发布一种真正的新福音并使人完全心悦诚服，除非面对既定的事物秩序它能够坚持一种新秩序的必然性，而后者已经给人以信心和希望，并注定将把沉睡的时代唤醒。一切文明的生活形式都要求它的成员进行独立自主的活动，但是，除非我们人类的努力从一种新生活的深处找到新的灵感源泉，否则这样的独立自主是不可能的。于是我们必须根据它们是由精神价值还是由自然价值所支配来对文明作出区分。只有作为精神生活的独特表现，文明才可能具有内在的凝聚力、明确的意义和控制的效能，它才真能使人更新，才能抵制与人类文化每一步发展紧紧相随的人的委琐和执拗。因此我们特有的现代文明要求一种无限的、原创的、独立的生活。但是我们的种种人际关系在何处向我们显示了这样一种生活呢？当然只有对一种超越的精神必然性的信念和这一必然性的生动的、内在的实现才能造就这些要求所引起的伟大运动。没有一种运动能够毫无阻拦地带领我们向前，除非它能使我们摆脱某种无法容忍的矛盾，这种矛盾只有当一种拥有优势的新的力量与某种无法证明其要求的旧的对手冲撞时才会产生。于是，我们所需要的是，新的力量应当展示一种压倒一切的强制力量，一种它决不可能从自然人获得的力量。对于一种权威性的更高级生活的认识提高了社会秩序的精神水平：它使我们能够感觉到我们与一种宇宙生活的联系，能把它变作我们自己的生活，从而远远离开我们开始时的低下状态。

类似的分裂、不和与超越也是个体生活的特征。只要高级的和低级的冲动混作一团，只要人格与个性等等因素不是意味着本质上的独特，而只是各种自然本能的增强，便不会有任何真正新的、崇高的东西，运动便毫无更新的力量。只有当它拥有一种无与伦比的独特内容时才可能具有这种力量，并且只有通过与一个精神世界的联系才可能获得这种力量。但是，只要这一联系发生，那个世界便成了呈现在人身上的世界，不仅如此，成了他的生活本身。至少，在这里，旧有水平明白无误地被超越了。

这一思想路线与那种把全部获救的希望都建立在一种平静的进步即一点一点发展之上的路线直接对立。我们在此所关心的并不是这种渐进发展的观点与我们的世界起源理论乃至我们自己人类生活的某些领域有何相关。但是，只要我们关注到整个生活，关注到它的进步主线，就必须断然拒绝这一观点，它是懒惰的危险借口，只会混淆问题或掩盖争端的尖锐性。因为它并不适合使人置身其间的特殊环境。他是实在不同层面的交汇点：他的崇高抱负一开始是十分懈怠模糊的。倘若它要获得更大的活力与明确性，它就得从清楚地界定自身、变得强大集中开始，它不能离开一种存在于内心的精神生活。中心必须得到充分发展，然后才可能对生活周边发生积极的影响，吸引有关的材料，拟合分散的要素，认识低下的状况，与对立的力量勇敢搏斗。正是这样的分裂和对抗作用使生活变得强大而具有内在活力，彻底地标明它是精神的，而不仅仅是自然的，并使它完全地为我们自己所拥有。然而，这一鲜明的区分过程总是涉及对精神生活独立性的认识。没有这一点，人自己的精神奋斗将依然是孤立的，决不可能反过来构成一个独立的出发点，让他自己占有一切展现的可能性以及精神生活的经验。

把精神与自然区分开来成了一项无穷无尽的任务，不仅对整个生活是这样，对生活的各个不同部门也是这样。沿着这条路线，一种真正理想主义的文化与一种纯粹人本主义的文化展开了激烈的斗争。前者有效地扩大和深化了生活过程，后者则把一切都归之于人的幸福安乐，而在这样做时不可避免地堕入了内在的空虚。即使这种人类可能达到的真正的精神性，也不会仅仅由于它的实际存在而存留，一旦它停止再创造，便立刻会衰落，尤其是很容易被拖进我们的本能兴趣的范围，从而遭到混杂和歪曲。很可能它以前活动的某些痕迹会保留下来，使它比较容易重新振作起来；即使如此，精神生活也决非平稳、保险的占有；它要求经常的更新和不断的劳作。但是，为了赢得它而付出的艰辛劳苦是完全值得的，因为它使人摆脱本能自我的狭隘限制而又不因此使他消失在无限之中。通过分享精神世界，分享现实的自我直接性，他开始占有一个无限的自我，他的生命活动则呈现出一种越来越积极的方向。依然是在他自己的范围里，他却直接占有了一个世界，他感到自己是这个世界的部分建造者。

在神秘主义者看来纯属感情问题，因而不可能足够深入地影响生活的真正本质的那个无限，现在成了劳动的原动力，并且能够在一切方面扩展它的革命活动。

为了看一看它如何改变生活、如何渗透到它的最内部结构，我们非常简短地考虑一下道德的情况。只要精神生活不被看作人的真正自我，它给人的行为强加的种种规则便被认作某个高高在上的权威发布的法令，我们可能敬畏这些法令，但不可能衷心热爱和完全忠实于它们。然而，只要缺乏内心的热情，我们的行动便不可能达到最大的成就。所有这些道德便很可能是调节的而不是多产的。当挑战来临时，它也许有承担责任的准备，但它不会热心于发现新的任务，向前推进到未知的领域，并以最大的努力促进精神王国的利益。只有当那些利益被看作与我们自己个人有关，当那些法令成为我们自己生活的表现，而向前的行动本身具有自我保存过程所特有的一切确信与欢欣时，这样的行动才是可能的。那时，并且只有那时，爱才会与敬畏连在一起而又不损害她的权威性。因为我们总是保留某种比我们自己更高的东西，所以新的自我决不只是人的劳动，而是必须建立在一种持续无限的生活之上。

一个更为广阔、更为崇高的人类生活视野终于打开了。在我们面前有无数艰难的任务。然而，任务尽管各不相同，它们彼此间有着密切联系，并为劳动者提供可靠的奖赏。不过，在能抱这样的希望之前，还有一个疑问必须慎重对待，而当从各方面考虑这个疑问时，我们至此所得出的结论立刻成了问题。倘若一种真正的精神性与一切纯粹自然的东西相比有如此巨大的优越性，我们岂不要比以往更强烈地感受到，事实上，日常的人类生活（下至其中最原始的东西）所顽强固守的，正是被渴望摆脱人类卑微状况的崇高目标视为完全不合格而予以拒斥的那种立场？我们想要克服的东西不是保留了它旧有的不可抵抗的权威，并可能把我们高扬的目标降低为模糊的希望与向往吗？

看来，在精神生活这个概念对我们的要求与作为有限存在的我们所能提供的东西之间有着根本的对立。精神生活要求一种完整的、包容一切的活动，它要超越主体与世界、内部感情与外部事实之间的对立。而我们的纯粹心理的生活，则受制于这一对立。精神生活构成一个包罗万象的整体，而人性则分裂为隔离的单位；自我保存的需要，与社会交往的要求一样，保持并加强了这种隔离。精神生活宣告它的内容、它的真理永远有效，而人的事业则是在时间上有始终的。他的生活以及生活对他的要求不断在变化。原则上的冲突影响了全部生活，这种局面最令人苦恼之处在于，我们不能指望重建这些原则。

不过，虽然我们也许无法取消这一对立，却可能有一种抵消它的手段。实际上，扫视一下人类的集体经验便足以表明，这样一种抵消过程在人类生存的一切部门起着作用，远远超出了人的知识与愿望。我们到处看到生活在精神上的提高。起先按照必然的要求即出于自我保存的自然冲动而做的事，结果却被改造、提高成为生活的进步。简单的并置变成了有机的联系。开始仅是手段的东西获得了一种自身的价值。历史被以一种新的眼光重新解释，从而进一步推动了以后的进步。在一切不尽如人意的人际关系中，精神生活赢得了地盘，开始能够面对一切对立推进它自己的目标。

此外，从人际关系中我们到处可以看到，生活逐渐摆脱了起初支配它一切活动的天生的自私：爱与劳动为这一解放运动提供了最显著的例证，爱表明它如何改变了我们对自己同胞的态度；劳动则表明它如何改变了我们对客体世界的态度。谁能否认爱起源于自然本能，或低估这种本能的永恒意义呢？然而，当爱的对象获得其自身的价值以后，当使被爱者幸福的愿望能够直接激发我们去努力时，这种本能便被完全改变，我们天然的自私便让位于舍己从人的要求。亚里士多德已经描述过，甚至在下等人身上也有某种神圣的东西在起作用，把他提高到超出自身的水平之上。劳动也是如此。我们从事劳动开始只是为了我们自身的自我保存，倘若我们要求为劳动付酬，要求完全根据劳动效益提高报酬，谁也不能责备我们。但是，众所周知，事情并不到此为止。逐渐的，劳动本身对我们变得可贵起来：它建立起某种能抵制劳动者的突发异想的精神联系；它使我们能够承受艰难困苦与重大牺牲；它变成我们不断取得进步的力量。在爱与劳动中，一种纯粹外在的接触变成了内在的联系，同时，单纯的快乐和利用服从了更崇高的精神利益。

自然的冲动与能量向精神层面的类似转移适用于整个人类生活。我们可以在形成某种个人特征的经验与事件中看到这种转移。在此我们从一种个人的天性开始，实际上它包含着某些精神的因素，但还没有真正精神的特性。保持和发展这种个人的天性是符合我们自我保存的自然冲动的。这是一项引起我们感情共鸣、激发我们活力的任务。但是，这个运动一旦发端，势必使我们远远超出原先的起点。那些分散的精神因素开始凝聚起来，并发挥共同的影响。我们所向往的目标因此而可能脱离狭隘个人主义的利益，不仅如此，甚至可能反对它们。一个有组织的精神王国越来越清楚地显现出来，并且变得越来越能激发劳动热情和牺牲精神。

此外，这种由低水平向高水平的发展，不仅可以从个体身上看出，而且可以从人类整体（例如，从人类伙伴关系的进步中）看出。在最初，是外部的接触和生存斗争的压力使人们结成或大或小的群体。但是这种外在的联系渐渐地演变成一种内在的伙伴关系。共同的经验（共同的斗争、成就与不幸）造成了一种共同的善恶标准，一种共同的目标，一个共同的利益范围，在控制个体的自私自利的同时给了他稳定性。于是，在这里我们也同样清楚地看到了走向更高尚、更崇高的进步。

我们刚才所描述的运动在精神史的形成中得到显著的、特别重要的表现。在此我们超越了原本存在于暂时与永恒之间的尖锐对立。精神生活的真理要求不受时间的影响，然而我们发现人存在于时间之中并经受着不断的变化。但是，一种新的独特的历史在人的经验中展现，使他与一切纯粹自然的存在物区别开来。他不必听任事变潮流席卷而不作任何抵抗；他可以发挥反作用力；他可以从易朽的东西中筛选出永恒的东西，从纯粹自然的东西中筛选出精神的东西，并要求越来越多地享有那属于永恒而非暂时的东西。当然，主要是在人类取得高水准成就的那些时期，人们才可能成功地尝试超越一切暂时的人事而达到永恒的真理。但是，无论我们如何固执地坚持被所谓古典时代宣称为不朽的东西,我们同时还会试图把它们所划的界线普遍化,在每一个时期找出一条同样的界线,区分哪些仅仅是该时代的产物,哪些为生活提供了不受时间影响、能够在世界史上所有时代继续有效的内容。这样历史便成了一个精神世界的展现,它在我们面前始终清晰生动,不管即时的事态如何难以驾御。此外,由此而得到保证的生活的提高,往往是在与人自己的愿望和动机对立的情况下取得的。因为他的努力首先指向及时的生产,赢得现时的幸福与成功。但是,如果他不在同时深入精神生活的内部并重新使它复苏的话,他的劳动便无法推进。于是某种跨越某一特殊时代限制的东西开始产生,并能永远地保存它自己。这样一种经得起时间考验的要素,不仅总是至少有某些痕迹、某些征象存在,而且甚至作为一个整体它也总是能够重新进入生活,并发生确实的作用。当某个运动在彻底改变生活的整个趋势上取得成功时,尤其有这样的可能性。一旦这样一个运动形成了广泛的影响,所有仍然留在它外面的东西便给自己打上了倒退的印记。例如,我们岂敢抛弃现代科学思维方法，抛弃它对世界与人所作的截然划分以及它对分析与批评的坚持？我们岂能否认，事实上我们自己时代的精神劳动已经导致比以往任何时代都更为独立的复杂结构？在造成这些结构时它本身越来越远离心理生活的直觉性，这岂不也是事实？我们岂能抗拒一种特殊科学倾向的增长，历史的和社会学的方法的推广？我们岂能逃避这些影响？在这样的运动中我们得到提高，远远超出了个别思想家的任意空想，远远超出了暂时的兴衰盛亡，这无疑是显而易见的。于是我们所看到的无非是世世代代在实现它自己的精神生活的革命，一个也可以变成完全是我们自己的革命。正是这一革命，使我们有可能用一个包括一切时代、包含人类一切有永恒价值的成就在内的现在，去对付仅仅是即刻的现在。由此而获得的立场为一切时间评价提供了标准，对这一立场的任何抵触或忽视都不可能发生深刻持久的影响。诚然，不能强迫人们服从这一立场，但是，像一切精神的实在一样，它要求承认和个人占用。不能否认，对时间过程内的难理解的历史的这一改编本身打开了超越历史的可能性。这种精神的历史成了制约我们人类生存的暂时的现在与精神生活所要求的永恒的现在之间的中介。

于是，我们得出结论，即使在人际关系的范围里精神生活也在积极起作用，并对整个人类生活领域发挥影响、促进其发展。我们对自己同胞的一切行为，一切创造性的活动，不管是个体的，还是整个人类的，都意味着相信精神生活的提升作用。这个运动在一切障碍之中坚持不懈，从不松劲，从不消沉，这个事实本身已足以证明我们在此需要一种力量，它的行动与人的一切任意空想无关。

因此希腊思想家有理由作出断言说，下层天生有一种对上层的渴望，宇宙中有一种向上的爱的运动。但是，只要充分认识到精神生活的独特性质，定会明白，这个运动决不只是自然的或既定的产物（不是这个意义上的进化），而是一种更高级的精神力量的有效作用。倘若没有一种更深层的实在对自然的支撑与激发，自然本不可能获得她所达到的一切。

不仅如此，介于这两者之间的联系表明，自然和精神最后同属于一个世界，有一个大全超越了一切差异，乃至于一切对立。但是，不能因为任何对立的缓和而无视这样的事实：对我们来说，精神生活只能以一种并不真正适合于它的存在形式体现它自己，因此它决不可能摆脱矛盾。精神世界只能在一个异己的环境里展现它自己，这个环境紧紧抓住我们，使我们无从逃脱。就此而言，我们的一切精神成就都是不完善的：我们对精神生活的表达方式总带有某种象征性。深不可测的无限的精神性最初在人的经验中被认识，但是在我们尘世生活的各种限制内，它又决不可能自由地完全地展现它自己。不过，尽管精神生活的实质与存在形式之间的这一矛盾清楚地表明了我们人类的生活如何不可思议，如何受到形形色色的制约，如何明显地不完善，但是仍然不能把生活仅仅归结为模糊的希望和空洞的理想。因为这个实质并非我们只能站在远处顶礼膜拜的异己的东西，相反，它使我们可以从中认识自己真正的自我，是我们生活最内在的本质；当我们对一切不完善的形式发动进攻的时候，它为我们提供了出发点。我们不仅仅投身于这一斗争之中，我们还从一个高处观察它；充分利用我们的优势，我们便能给生活一种内在的保证与快乐。不怕任何障碍，我们可以满怀信心地前进，努力提高人的品性，超越对人性的一切贬损。

疑点难点讨论

我们上述讨论的主要目标是证明精神生活的种种要求，并表明它在本质上能够战胜它在自己的领域中所遇到的一切障碍。但是，至此我们尚未考虑它与人类经验处于怎样的关系之中。然而正是这一关系引起了根深蒂固的怀疑，既怀疑为精神生活所提出的要求的有效性，又怀疑根据这些要求而建立的信念即精神生活值得一过的正确性。人们已经发现，他们所珍视的至高的善，从他们最深刻的信仰中抽取了最大量的劳动和自我牺牲的力量，似乎完全无力指导世界的运动；正是这一简单的认识，从远古以来便让他们忧虑、失望，往往还使他们绝望。自然我行我素，不顾一切精神的抱负，命运则从不区分善恶：我们期待着，却看不到任何公正的秩序和爱的王国。即便是在完全属人的范围里，精神生活也没有稳定的地位和可靠的主权，而是遭到可耻的滥用，扮演着次要的角色，仅仅是私人利益或党派利益的喉舌。最后也是最糟的一点是，我们看到精神生活自己分裂成对立的派别，自我削弱到可悲的地步，它所作的一切集体的努力都在其源头便失去了活力。精神的一切表现形式都表明它是世界进化的一种副产品；于是我们要问，它如何可能控制我们的生活并给它一种真正的意义呢？

因此，这些便是世界强加给我们的困难。我们是准备否认它们的力量呢，还是把它们看作无关紧要的偶然因素抛开？我们怎么能这么做呢？我们所显示的整个趋势不是加强了这样的考虑，增加了它们的分量吗？一旦我们理解了这一事实，即精神生活是一种宇宙的力量，它打开了实在的新的深度，使实在得以自我实现，我们自然会期待（不，是要求）如此普遍的一个过程在它的流转中将显示出它自己高于一切其他的运动，使它们为它所用，推动它们沿着它所明确规定的路线前进，轻松地克服一切人或物的障碍，同时，对事物的各种各样分歧加以控制，把它们引向一个共同的目标。于是，当我们从我们的哲学立场考虑这个难题时，它变得比以往更难理解：秘密非但没有被解开，反而被掩蔽在更深的幽暗之中。

但是，这一判定究竟意味着什么呢？只有当它强迫我们放弃前面的讨论所产生的那些有关精神生活的结论，因而迫使我们不再承认实在的深度应当到那一生活中去寻找时，它的结论才会是有害的、破坏性的。但是它无法做到这一点。只有在一种条件下它可能对我们的判断拥有这样的力量；在这种条件下，人类经验世界内的精神生活的命运被证明对其根本性质和表现形式来说是决定性的，不存在一个可与经验印象相对的原初的、根本的事实世界，我们必须把内心生活的确实性建立在外部世界的证明上。倘若我们仅按世界对我们的呈现来看待我们自己，并且仅按世界所能承认的程度评价我们的生活，那么怀疑必定获胜：按原貌判断事物必定内在地摧毁我们所有一切生气勃勃的冲动。但是，请别忘记支配我们整个研究的主要思想（说出了不仅是现代的、而且也是整个文明化运动的最深刻趋势的思想），即这样一种观点，生活不可能从外部发展到内部，而必须由内部向外部生长，一切事实中最重要的、支配着所有其他事实的、确立真正现实性标准的事实，并非从我们的环境中出现，而是在我们自己的经验中发生的。比所有个体生活经验更重要的是这一生气勃勃的运动，它们的存在本身以它为基础，并不断地得到它的支持。甚至主体与世界之间的对立也只是这个包罗万象的生活过程中的一道裂缝。这个过程自己能够把我们分散的感性印象组织成一个协调的整体，把它们建成一个与我们的纯粹主观的经验之流对立的对象世界。

对于这一生活过程的本质的较为仔细的考察，已经揭示出它内部所蕴含的一种独特的运动，由于它的活动，一种新的生活产生了，它在性质上不同于由自然事件的演替所规定的生活。也不能把这个运动看作一系列孤立的偶发事件，而应看作一种有明确方向的主要趋势，它把各种各样的事物聚集成一个独特的整体。我们并非只是从一个更真实世界的细微迹象和影像图中看到这种新生活：我们亲眼目睹的自我实现的劳动便是实在本身；而且正是在这一自我发现的劳动中，正是通过这一劳动，实在确立了它自己的信仰基础。在此生活并不依赖于知识。相反，知识根据综合的原则获得其特殊形式，综合原则在统一生活的时候，把它的独特性质赋予了它。这个根本的事实（一个独立的精神生活由此而在我们中间产生的事实）不能用引证世界难以驾驭的方面来辩驳，无论这些方面有多可怕。它们也许确实使我们相信，世界的状况并不符合精神生活的要求，也许会迫使我们从不利的方面判断世界的状况和人类的地位。它们也许会为我们的注意规定新的任务，却决不可能对上述事实的基础投下怀疑的阴影；它们只会使它轮廓更分明，并且，正是由于它们所提出的矛盾，使它的界定更清楚。但是，尽管我们严格维护这一根本事实的普遍性和不容争辩性，尽管我们极力反对把它仅仅归结为主观感受的问题，我们认为，它能使一个个体或一个时代信服的力量只能来自对它自己的精神资源的清楚意识和有力展现。哪里缺少了这样的精神内容，哪里生活从内部分裂，不再能以一种强大的力量承受世界的抵抗力，哪里世界便获得胜利，怀疑与不信便显得难以克服，谈论生活的意义便成了无聊。

倘若回到历史的见证，我们发现，衡量信仰对于俗欲的力量，可以根据其精神见解的坚定性。例如，早期基督教徒曾经面对一个黑暗、敌对世界的强大势力，但结果它对他们无能为力，因为他们的信仰由一种内在的强制力所支撑，引导他们克服一切罪恶。另一方面，人类历史上有一些辉煌的时期（特别有生气、有活力的时期）却终结于怀疑主义，因为它们没能从整体上理解它们的命运，从未能达到自身的永恒。要战胜怀疑，不能仅靠反省，而要靠生活本身的内在塑造。倘若我们的生活不是如此虚弱空洞，怀疑便不会使我们如此消沉。今天只有一件事能使我们摆脱它们的压力，这便是内心生活的更新。

但是，尽管我们在任何地方都不能向世界的敌对压力屈服，却不能把它撇在一边走自己的路，仿佛一切无不顺当。因为我们所构想和辩护的精神生活，并不只是我们的存在的一部分，并不只是当我们厌倦了骚扰和辛劳时可以安全地隐居在里面的避难所；相反，正是它自身的本性要求对一切实在的统治权，它不能放弃这一要求，不能放弃面对阻力维护自身的权利，否则便会失去生命力，变得越来越狭隘、越来越主观。但是，倘若保护它的要求和权利得到了坚持，生活的意义将会改变，它的问题将需要重新表述。一旦认识到，理性，由于它自身的需要，必定以自己的方式取得胜利，而我们现在的世界却不是让它获胜的舞台，那就很清楚，我们的世界并不是整个实在，而只是它的一个部分，在它上面我们确实可以进行理性之战，却没有获胜的希望。我们越是确信人类利益世界是有限的、处于发展过程中的，我们对于尘世发生的事情的真正性质所作的评价就越是谦虚。倘若我们整个尘世的存在只是一个更大的序列的一个片断，那么指望它会澄清一切疑团便很不智，而且仍然会有许多在我们看来毫无意义的可能性，在更广大的范围里却可能得到理解。此外，即使是在现世生活的范围里也不乏这样的经验：起初曾被看作是障碍的东西，后来证明是一种助力。对生活的断然否认，通常是由于运用了一种错误的评价标准。我们对生活的要求是它将使我们幸福，而且我们把成功和安适看作幸福生活的主要标准。难怪我们最终要失望，因为我们不知道自己要什么。但是，倘若这样的幸福并不是最高的目标，即使被完全承认仍不能让心灵满足，倘若一种内在的稳定和进步、一种性格的深化才是真正重要的事，那么我们对生活带来的结果所作的判断确实可能不同于现在，我们甚至可能开始重视起初看来似乎无意义的冲突或可耻的穷困。

然而生活带来的问题极为复杂，单纯的可能性很少吸引我们：除了实在本身的鼓舞和支持以外，它们没有力量帮助我们。只有当忧患和纠纷不再只是守护心灵，而是积极地促进它的美德时，这样的支持才会出现。因此让我们看看，是否有这样的促进，倘若有的话，又是以怎样的方式惠予的。

无视一个对抗的世界所可能作出的顽强抵抗是无益的，对于在此阻碍每一个进步的种种危险，我们也不能视而不见，而且我们不能不注意到，表面上合情合理的东西多么容易转向它的反面，因此在这方面取得的一切成功仍然使我们焦虑不安。然而，倘若事情不是如此安排的，生活便会失去其意义。我们所做的一切，只有在使我们的生活得到内在的加强，只有当它从经验与紧张的冲突中学习，并排除障碍达到新的前景时，才能变成意义深远的。当我们认识到，暂居在人们中间的精神生活还没有实现其根本特性，也没有自信地规定其主要前进路线，而是被种种难题所包围时，坚持提高精神经验水平便变得更加必要了，这一点，要不是对精神进步的展望，是根本达不到的。在这里，我们必须清楚地区分历史已经以希腊和基督教名义为我们作了概括的两种生活类型。按照希腊文化的看法，精神似乎植根于人的本性之中：它是某种明显地呈现在人的经验中的高级禀赋。因此生活的惟一任务便是努力发展这一移植在人身上的神圣才能，保护它免遭一切袭击，并把它充分地发掘出来。根据这种观点，整个内在生活的运动消失了，而且任何真正意义上的历史的可能性也不复存在。此外，这样的自发的展示缺乏鼓舞世界的手段，最后只能失败。基督教的生活类型（它的范围远远超出了基督教会认可的辖区），起源于内心生活的各种问题，尤其是起源于道德意识的困惑。根据这一观点，正是精神世界内在于人的生活运动这一点给了人生以真正的价值；因为它带来了更深刻的启示，召唤人奉献其各种能力，并通过共享这一存在的新深度而使他确实地摆脱其困惑。正是这一点给了个体生活和人类生活真正的历史意义，给了它一个目标和实现目标的热情。这样一种更新改变了人对困难和不幸的态度。人们不再渴望不惜一切代价地避开它们，离它们越远越好：生活以它的精神拥抱它们，当它的深处激动不安时，正是它们促成了新的刺激，并使它的秘密显露出来。

我们的生活内部有如此难以接触的深处，这些深处向我们显示出来，都不是自明的：经验必须提供证明。事实上，证明是由在人类集体生活和个体心灵深处发展的世界本身的历史提供的。宗教、伦理、全部生活文化，证明一种大获成功的精神力量的出现，它不同于为生活奠定基础或努力维护这些基础的精神性。宗教从一开始便是那样一种生活的结构与本质的组成部分，它承认一种独立的精神力量存在于内心中，推动这种精神性发展的推力归根结底来自于大全［the

Whole]并分有它的永恒活力。不过,宗教还有进一步的、更明确的表现。因为宗教的职能正在于,不仅要把对大全的一种认识注入人生的劳动,而且,要在诉诸于劳动这一中介之前,通过直接的神交体认大全,从而打开一种更深刻的生活的源泉。于是首先出现了一种特别的或独特的宗教,并由此出现对世界的完全超越,导致纯粹内在的生活;并由此复活人性中的绝对,使原本仍将停留在有限生存阶段的东西变得生气勃勃起来。这一存在水准非常之高,很难完全达到,尽管我们可能在生活中越来越忠实地表现其真理,并且更愿意通过艺术而不是思想的中介。但是这一点至少是确定的,即在这一特殊宗教的水平上,向我们揭示了一种新的丰富的生活,远远超出了纯粹个体的所有。

适用于宗教的,同样也适用于道德。这里,也同一切个体的任性变化无关,实现了生活的内在提高。当然,它与其他领域里的运动不无关系,因为道德必定从一开始便全方位地影响我们的生活。并没有具体规定我们的哪种利益可以使我们免除对精神道德化的需要,我们总是把它看作就是我们自己的生活，承认它是中心，我们的全部存在围绕着它旋转。事实上，一种不容含糊的二者择一贯穿于整座生活迷宫，并老是在每一个岔路口等待着我们。但是，随着生活的困难逐渐彰显，往往不仅动摇客观外界的前景，而且动摇心灵的内在信念，所以，道德若不想变得停滞的话，就必须重新调整它自己。它必须深入心灵，并发现一种新的任务，加强内在的生活，支持它的整个运动，指导它克服日常世界极其错综复杂的局面。舍此我们无法证明和确认个人的价值，我们认为那就是精神禀赋本身，我们不可能轻易抛弃的价值。因为只有当心灵忠实地拥护精神生活的事业，反对一种异己的或至少不令人满意的世俗的造作时，人的禀赋才能变成不只是一种被动的态度或单纯的劳动准备状态，而是成为一种完整的行动，实际上，成为无论何种行动的真正灵魂。以此为方向的道德，获得了那种纯粹的内在性，那种无与伦比的高贵，那种卓越的成绩，从而确保了它在整个生活中的特殊地位和作用。

于是，通过冲突以及使冲突逐渐消失的精神生活的胜利实现，精神的全部生活得到深化与更新。离开了这种生活的深化，精神在它为凡人所占有的现有条件下，是不可能保存它本来的创造性和独立性的。由于这一得到深化的生命力，对障碍与不幸的看法便有所不同了。当然我们不能错误地以为（如屡见不鲜的那种看法），障碍本身对被阻碍者是个帮助，或者不幸本身构成精神的提高，而我们自己只要稍微协助一下。障碍与不幸并不具有这种内在的优点。若不是它们所激发的那些活力，它们不可能给我们带来精神的收益，惟有那些活力才具有改造和提高生活的力量。对不幸本身所作的多愁善感的评价往往被证明是一种障碍而不是帮助。

此外，我们要注意别把洋洋得意的精神性与好斗的精神性分隔开，也不要把它们中的任何一个与作为一种基本预设的精神性分隔开。割裂这些联系很可能使我们对它按照意愿塑造世界的力量丧失信心，因而把它压低到仅仅是一种主观情感的地位。而且，在如此联系着的系统里，洋洋得意的因素不可或缺，因为只有它能够充分肯定表现精神生活所必不可少的独立和自足。我们毕生从事的劳动不会成为一场空忙，其最可靠的保证并不仅仅是人的各种活动，而是精神生活本身内在的活动。

我们不可能在此讨论前面所说有关宇宙是个整体的各种信念的影响；但是，由于它们与社会生活的形成有关，促使我们考虑一个无法忽略不计的要求。正是我们的精神能力赋予人际关系以独特性：我们的公民生活和社会生活实际上只是这一能力的展开和表现。这种生活，如我们所认为的，必须包括人的各种类型和状况：它必定是现状下的人的生活。我们必须准备公正地对待生活的各种现实，准备接受理性与必然性的妥协、本质上精神性的东西与纯粹自然性的环境的混合。因此，只要我们坚持精神生活的独立性，坚持它对纯粹自然秩序的超越，我们就必须努力实现一种特殊的社会，它摆脱了必然性的压力，并将以体现和珍视一种独立的精神性为己任。一个如此构想的社会将与单纯的时间趋势相反，向着一些永恒的目标前进；与各种纯粹权宜的要求相反，它将支持真正的精神上的需要；取代那些纯粹自然的兴趣，它将体现精神生活的力量；一句话，它的职能将是尽可能地在人们面前保持一个精神自由王国，捍卫它的理想和价值标准，造成一种与之相适应的精神氛围。倘若没有着眼于建立这样一种秩序的人力的协助，精神生活的独立性必将减少并最终消失。剩下的将是一种与人的杂质混在一起的精神因素，而这如果被承认为人生全部问题的最终答案的话，必将严重降低它由此作出解释的生活并剥夺它的全部意义。

尽管有如此辉煌的成就，现时代深感不满的焦躁势必造成自由的精神伙伴关系的纽带断裂或松弛。基督教教会一度曾代表了这样一种伙伴关系，但是，如我们今天所见，它们不再符合改变了的精神状况的要求。首先，基督教的两大分支都不能满足今天的宗教意识的独特需要。罗马天主教固守着以往历史的即中世纪的立场：它的权威变得越来越有压迫性，它自身变得越来越狭隘，目光狭窄，而它的影响则可能使我们的生活变得越来越僵化。新教具有极其可贵的优点，它以自由为立足点，以人格为活的根据，但是，它极少关心精神生活的组织，极少关心精神世界的形成，因而它面临着一种迫在眉睫的危险，即变质为对纯粹主观的个性的刺激，从而毫无希望地逐渐消失在空洞无聊之中。此外，我们不能忘记，在接近中世纪的时候，生活的范围极大地扩展，人类不能不为它的生活寻找一个比宗教所能提供的更进一步的基础。因为，无论宗教是生活最本质的源泉这一点有多正确，它只有在一种包罗万象的、真正独立的精神性的深处才能如此，而且宗教的伙伴关系必须以这种精神性作为基础。因此，我们必须努力扩大并从精神上更新今天的教会，使它们全都植根于精神生活之中。倘若我们要恢复生活的真正意义，便必须致力于基督教的更新。

诚然，这一计划是广泛的，不容易实现。它的成功取决于其他问题的先期解决。首先，重要的是，把精神生活的主要特征从杂乱的事物中有说服力地区分出来，使人们清楚地意识到这些特征。不过我们不可能在此详述所有阻碍这一规划实现的困难，我们只能指出现在召唤着我们向前的崇高目标。我们越是走近它，便越可能想见一个泰然自若的精神世界的图景，越有办法消除麻烦和不幸的危害，并阻止它们夺走我们生活的意义。

总　结

生活的意义与价值这个问题一开始便规定了我们的探讨，在力图概述我们的结论时，我们必须还回到这个问题上去。在我们的工作过程中，是否发现了一种终极的统一性，比所有的差异更深刻，提到它便给我们所有利益打上明显的标志并处处发掘出独特的问题与义务的统一性？我们能否满意地停留在已经得出的结论上？

我们发现，只要我们从我们知之甚少的外部世界出发，任凭我们想象的翅膀自由飞翔的话，这些问题便是无法回答的。我们认为，只有当人类生活探究它自己的力量时，才可能找到答案。启示不可能来自外部，而只能来自于生活本身的教导与经验。有一个事实确实产生了肯定的结果，这个事实即在我们生活的内部揭示了实在的一个新的深度，它不可能属于作为纯粹自然存在的人。由于认识到精神生活的独立，我们赢得了对宇宙的精神自我实现的一种洞见，对那个隐藏得更深的、支撑整个生活并给它以个人特征的基础的一种认识。这个进步不只是既定存在秩序的简单延伸，也不是它在某些特定方面的发展。相反，它以一种全新的生活反对既定的存在秩序，这种生活在达到精神的直接性时，首次发现了一切实在的真正源泉与标准。

但是，还有一个真理与这一新的真正的实在的揭示不可分解地联系在一起。这一实在在我们人类范围里的逐渐显现并不是一个平静的、保险的发展过程。相反，它要费力登攀，要与既定的秩序公开决裂：它要求一种彻底的改造。旧秩序所包含的这些精神性因素缺乏确定性与活力，并且与许多性质上异己的东西混在一起。精神生活则能够实现它自己，同时能够意识到它与精神世界的本质上的休戚相关，只是它必须摆脱这种异己的混合，对它采取直接对立的态度，并且从它的独立的立场出发，为它自己发展一种特殊的自我表现形式。由于这种改造不可能一劳永逸地完成，而必须不断地重复，显而易见，生活的主旋律必定仍然是不停的活动，而不是舒适和享受。人类的一切精神生活必定总是蕴含着某些斗争的因素。

但是,生活不会因这种决裂和对立而变得枯竭吗?它能以任何方式弥补由此造成的损失吗?无疑,它能做的甚至更多。它产生并发展了一种精神内容,并在这样做的时候清楚地向我们展示,由此返回个人生活的自我直接性时我们不仅实现了形式上的态度改变,而且触及了实在的一个深刻源泉,从而在某些本质的方面改变了我们关于世界的总的构想。如我们已经看到的,精神的内容不可能产生于人类主体,也不可能产生于与它对立的世界,也不可能产生于这两个因素的相互作用。它要求世界与主体都被包容在一种包罗万象的生活中。只有当这种更广泛的生活在我们的经验中发生作用,在其中实现它自己,从中发现它自己发展的中介,生活才能为自己赢得充实的内容。反过来,只要生活拥有内容,我们便能证明一种来源于大全的生活,一种由内向外发展的宇宙生活。就连我们人类的生活也分享了这些精神力量,从它们获得形形色色的灵感。在人类进行努力的一切主要领域——真、善、美的领域——都有精神内容的增长。在生活的每一个部门，在一切形式的精神创造中，我们都看到这种增长。但是，我们惯于孤立地看待各种事实而不是把它们联系起来，因而便不能正确地对待它们。倘若我们把它们放在一起，一如对精神生活独立性的认识使我们可能做到的那样，便能看出实在在它们中间展现了属人的特征；我们从中察觉到一个协调的精神世界的逐渐建立。不管怎样，这有助于在非常本质的方面提高大全的重要地位，它在生活的所有活动面前设置了一项巨大的任务。因为现在内容的一切差异都必须根据它被认为要去展现的大全来看待：它必须成为内在的、有生命力的、协调一致的。现在我们清楚地看到，生活在变形为精神实体王国的过程中涉及一种成形原则，在以特征取代杂乱时该原则处处发挥着作用。

即使不求助于大全，沿着某些特定的路线我们也可以大有成效。生活的各种不同部门个别地看，都遵守某些调节性形式规律。因此我们按照因果律、根据逻辑定律思考。但是，逻辑或因果性都不可能给予知识生气勃勃的特征，而这种特征对它的完美来说是不可缺少的。只有当对真理的追求是在某个有生机的精神整体中进行、后者迫使它采取某个确定的方向时，这种更丰富的知识才是可能的。因此，希腊思想（现代思想也一样）远远胜过任何形式的、抽象的纯粹思考。它的突出特征应归因于它由之产生的特别全面的生活。

从基本的精神兴趣追溯到它们由之发展出来的自主的生活，势必带来什么结果呢？结果必定是，那些精神兴趣更清楚、更明确地界定自身，更果断地把自己同那些可能歪曲贬损自己的纯粹自然的东西区别开来，并学会了解和承认彼此都是走向一个共同目标的合作者。我们明白，把宗教看作精神生活的一种表现还是看作一种纯粹的自然现象，这两者有多大的区别。因此这些兴趣要从它们的源泉即整个精神生活中发展出来，就需要高举一个理想作为我们自己人类奋斗的目标，根据对这一理想的接近程度来衡量和检验我们所作的努力，不屈不挠地奋力推动它前进，并开启它所蕴含的一切能动性。但是，这决不是把某种异己的东西强加在人的身上。相反，我们向他指出他真正的生活之所在。正是当他把精神生活看作他自己所有的时候，他开始意识到一个内在的王国，它是无限的，但又是他自己真正的自我。

因此，生活的兴趣既是对世界的，又是对它自己的，正是在寻找和实现它自己的斗争中它超越了对立，一方面涉及与一个冷酷异己的世界的关系，另一方面涉及对一个狭隘腐败的社会的关系。空洞的主观性与枯燥的客观性之间的对立也被超越了，因为属于生活的内容也直接属于自我。一种由此而内在地同化了宇宙的生活，将在其人际关系中表现出许多方面，对它的详述则势必再分为许多部门。我们已经看到，如果不承认道德的独立性，真正的精神生活要充分表现其独立自主的能力是如何不可能。我们还看到，它无法离开宗教。只有宗教能使它恰当地确认有限的生活从无限中获得的支持，以及克服由这种依赖产生的各种对立的力量。科学与艺术的贡献对精神生活来说同样是必不可少的。科学的贡献不可少，因为只有通过严密推理的筛选和澄清工作，精神才能使它自己永远区别于日常生存水平；艺术的贡献不可少，因为任何新的理想，只有借助于想象和艺术的形式，才能成为非常生动的和持续的，从而引导和影响生活，正如宗教经验本身已经非常清楚地显示的那样。但这并不是说，生活就是或有可能成为不同领域的集合体。在它们背后支持它们发展的，是大全的基本的生活，离开了这一生活，它们立刻表现出这样的趋势：丧失它们的精神内容，沦为始终在窥测时机的世俗精神的牺牲品。历史上这种趋势发生作用的例子不计其数。

问题的真正本质即在于此——真正的精神性的展现，也即是世界的内在性的展现，这种内在性属于事物自身，而不是仅由某个毗邻的主体放到它们中间去的。直接分享宇宙的内在生活，并用我们的劳动去推进它，正是这样的可能性，给了生活以稳定性、自发性和崇高性，用一种内在的欢快去鼓舞它。只要存在这样的可能性，生活的意义与价值便是无可怀疑的。

这个论断不仅对整个人类成立，而且对组成人类的个体同样也成立。两者的意义并不在于其直接生存的事实，而在于它们之中正在发生（或者至少可能发生）的运动。在这里，承认渺小正是走向崇高之路。无论对个体还是对人类而言，单单享受或迷恋于感官世界的需要，并不能使生活值得一过。人类的幸福，倘若幸福是指满足的话，并未因我们的全部工作而离我们更近一点。事实上，似乎比以前更远了。至于我们的错综复杂的生存状况会把自己改造成井然有序的理性王国，这只是一种狂热的不切实际的梦想。与此同时，在我们人类生活中进行着的一种运动所提供的希望，远远超出了任何单纯物质繁荣的全部价值。一个新的世界，超越时间限制、起源于自身的生活的世界打开了。人可以参与宇宙的一个运动，改造它，使之适应于他自己的领域的要求。与他的时代的传统道德截然不同，他能表现一种协调的、自由发展的精神生活，从而给他自己的生活以内容，并在他自己与宇宙之间锻造无形的连环。任何与这样一种生活有关的东西，任何作为这样一种努力的对象的东西，都永远不会丧失。确实，它也许看上去是消失了，但是，作为永恒秩序的组成部分，它永远不会真正消逝。

也不应该把个体看作只是一个副产品，不必要求他完全淹没在一种绝对的生活之中。因为正是由于他，一种非派生的自足的生活才第一次出现。他有权利称自己为人，正是因为他直接参与了大全的生活。正是在把宇宙的生活集中在一个特定的点上、沿着他自己特定的路线发展的过程中，他才获得了精神个体的尊严。一种淹没在诸如此类的任务（以密切的精神联系连结在一起的任务）之中的生活不可能呈现出沉着有序的进步，但总是要求有重大的进展。无论其外部过程可能多么平静，它仍涉及一个重大决策。这个选择并非在瞬间完成，而是要延长到整个一生。不过，与此同时，内部生活的稳定和自足变得无可动摇。没有一种外部的障碍，没有一种外部的灾难，能够剥夺我们的精神本性的崇高任务，即在我们特定的岗位上尽我们最大的努力来支持和推进理性的世界。在此每个人都可有所为，并且没有人能够夺走它。环境可能反对他，却不可能压倒他，因为他有另一个世界可与感官世界抗衡。此外，一个严重的危机在他的生活途中等待着他，因此，这一向精神的转折，以及与之相随的转向内部的需要，便作为一种可能性（可以接受，也可以拒绝的可能性）来到他面前。采取一种崇高的立场，必定认为拒绝这种可能性的生活是损失；这样的生活既没有意义，也没有价值。精神的实现决不是我们的自然禀赋；我们必须去赢得它，而它允许被我们所赢得。

用这样的标准来衡量，我们日常所看到的人类生活在精神内容上必定显得极不完善、极其贫乏。不过，尽管我们从它所获甚微，这些微的收获仍比流行的概念想让我们相信的更多，因为我们至少获准进入一个真理与实体的世界。如果有人对不完善表示反对，我们则要问他有什么根据断言我们人类的生存必须是完善的。在所有一切疑问中，至少这一点可以肯定，即我们的生活决不只是空洞表面的游戏，在它中间有某种极其重要的事情正在发生，这运动与我们休戚相关，我们完全能够估测它的方向。这应该也能够满足我们。如果我们要用几句话概括生活，恐怕很难比路德的描述说得更好："不存在任何完美的成就；一切都在创造之中。我们看不到终点，而只看到走向终点的道路。光辉的顶点尚未到达，细致入微的改进还在继续。"

用于现代生活

本书始终密切联系现时代的需要考虑生活的意义与价值问题。因此,我们最后不妨问一问,我们给出的答案是否能满足现代特有的要求,或者说,这种尝试是否失败了。

我们所支持的真理在三个主要方面可证明是适用于现代生活的。首先,它会增加我们对平庸生活的不满;第二,它会帮助我们从混乱的社会生活中划出某些清楚的界线;而且,第三,它会提供一个立足之地,使我们能够重新集结力量。我们来看一看,更仔细地考察一下,这些划分如何被证明是有效的。

首先,只要拥有能使一种更加广阔无垠的生活展现出来的土壤,我们的生活便获得意义与价值,这种确信(即对真正精神的文化与纯粹人本主义的文化之间需要不断进行斗争的认识),使我们绝对不可能满足于这种人本主义文化在现今思想中占有的支配地位。它的所有变化的方面在对立的影响下更紧密地结合起来，同时暴露出它们的丝毫没有价值。因为我们看到了什么？一片纷乱错杂，无休止的奔忙追逐，热切地抬高自己，自负地推行自己的主张，反对其他人的要求；生活被异己的而非自己的兴趣所占据；缺乏内在的问题或内在的动机；没有纯粹的热情或真诚的爱；尽管有一切夸张的表白甚至某些确实诚实的工作，培养和提高自我始终仍是主旋律；人带着他的各种好恶，成为善与恶、真与假的最高仲裁者，因此，努力的主要目标是赢得社会赞赏与尊重的外表。所有这一切，无论它如何表白成对理想目标的追求、受理想情感的指导，却处处暴露出它内在的虚伪，令人反感的不实在，一种精神的无力和空洞。

只要我们的注意力和努力局限在个体身上，便很可能看不出这种空洞，并且会指望某处缺乏的东西在另一处得到补偿。只要我们采取这种较有限的观点，便总是可以希望，在整个文明喜剧背后，一种真正的生活以某种方式、在某个地方存在并发挥着积极的作用。然而，当我们普遍地提出该问题时，同时就表明，不再给生活一个精神基础，便是承认纯粹人本主义文化对整个领域有无可争辩的权利，而且这一文化没有有效的方法对付生存的空洞与虚幻，于是，对每一个思考的人来说，都面临着重大的选择，非此即彼的选择。或者在纯粹人本主义文化之外还有某种更高的文化，或者生活不再有任何意义或价值。一旦普遍地提出问题，便立刻排除了第三种选择。

和我们持有同样看法的人认为，人类的活动范围中有控制流逝的瞬间的力量，他决不会同意否定的结论，即把时代看成人本主义文化的简单体现。但是，他将发现，这种在我们中间发挥作用的真正的精神性，可悲地与人本主义文化纠缠在一起，并将由这种发现而产生一种强烈的动机，要使精神摆脱这种混杂状态，有效地表现出（甚至在此时此刻）它天生的独立性。从这一观点来看，创造性精神生活的一项紧迫任务是，它应当在现代条件所提供的新的基础上把它的种种力量聚集起来。否则它便不能调整控制日常生活的各种活动，并抵消它抹煞差别的影响。

精神文化与人类普通生活的关系在不同时期表现为不同

的形式。有时候，它是一种截然对立和对抗的关系，有时候，是一种理解与合作的友好关系。当人们非常清楚地意识到日常生活状况的不适当、不可靠和混乱时，前一种关系占优势。在这样的时期，精神生活要满意地发展，便必须与现存状况决裂，并采取它自己的强硬立场。从古代末期斯多葛哲学的兴起可看到一个这种性质的运动；原始基督教以一种更强烈的形式形成一个类似的运动。而在现代的初起时期，启蒙运动以自觉、审慎的努力追求同样的目标。在诸如此类的时期，生活在其一切表现形式中都成了问题。一切都遭到检验和筛选。如此繁重的精选暴露出它自身的局限性，特别是眼界狭隘、排他的危险。但是，尽管有所有这些危险，这些关键时期仍然迫切需要激励、筛选和强化的工作。当一个时代对其基本的精神信念感到很有把握时，情况就完全不同了。那时，它的主要任务必定是发展与实现这些信念，欢迎并鼓励所有与之一致的东西，与此同时，把整个广阔的生活融为一体。这样的时期呈现一种比较友好的面貌。理性似乎统治着现实，生活似乎比较稳定地向上运动，对立似乎在一种包罗万象的统一中被完全超越了。文艺复兴的鼎盛时期便是如此；我们自己的古典人文主义的早期也是如此。

但是，无论这些统一的时期及其所负载的精神活动有怎样的优点，我们却无法按照我们的意愿召唤它们回来。我们的鉴赏并不赋予我们拥有权。我们只能按照事物的本来面貌对待它们。在这个意义上，我们出生在哪个时代是命定的。按照现在的状况（精神一片混乱而且没有可靠的精神基础），精神生活显然必须退回它自身。我们的思想和工作需要批判的方法，这个方法虽然与启蒙运动有许多不同点，但它与该运动的共同之处还是远远超出与古典时期人本主义的共同之处。发展这种方法的可靠道路便是承认一种现实的、独立的精神性。因为正是这使我们能够首先把精神的内容与价值同单纯的人类生存区别开来，并把两者对立起来，随后，根据由此获得的观点，对整个生存状况进行生动的研究，一方面筛选、剔除，另一方面促进、强化。正如启蒙运动让一切都经受理性的检验，问它在多大程度上符合明确清晰的要求一样，现在的基本问题是，现存状况在多大程度上拥有一种精神内容、构成精神世界的组成部分、使精神生活得到深化。这一批判的工作也不能局限于任何一个部门：它必须渗入全部生活，渗入其所有各种不同的部分。不过它特别适合于那些直接关注整个生活的部门：哲学与宗教，教育与艺术。在这些领域的各个部门中，共同的任务以某种相应的特殊形式表现出来。

好，一旦我们确信基本的需要是详细阐述上述的根本对立，而且，更广泛地说，在遇到混乱时划出明确的界线，我们势必格外坚定地抵制任何缓和对立、试图立刻解决问题的努力，要成功地解决这些问题必须先建立某种可靠的基础。因此我们断然反对一切形式的一元论，它认为无需任何在先的分离便能达到它所需要的统一。我们反对整个现代泛神论倾向，它的模糊的唯情论只能掩盖重大的对立，而决不可能超越它们。我们也反对一种浪漫主义，它把生活分解为梦幻般的沉思和消极的放纵，降低它的道德力量，不但达不到它曾想达到的精神高度，反而极可能以一种精致的纵欲而告终。最后，我们反对轻率地把人格用作口号和医治一切时代邪恶的现成灵丹妙药的倾向，因为人格必须先赋有一个内容和一个广泛的背景，而最严重的困难正是在这里出现的。

我们一直坚持在文化领域内明确划分各种界线。我们同样强调地坚持对个体作出区分，根据他们是认识到还是没能认识到存在一个独立的精神世界以及与此有关的人的有机联系，来确定他们属于两个群体中的哪一个。倘若不存在这样的世界，则个体便也毫无具备自身独立价值的内在生活。他便没有精神的问题或任务。他只是环境的产物，而倘若在这种情况下仍然使用"人格"和"个性"这些语词的话，它们无非只是一些空洞的言词。在这里，"是"与"否"之间无可妥协。当我们对"是"达成一致时，那时，并且只有到那时，我们才可能试图确定这样的差别仍然可能保留。对人是这样，对观念也是这样：对原则问题作不妥协的划分乃是生活健康发展的必要前提。

但是，划分必须以联合作为其对立面：即那些承认一切纯粹人本主义文化的不足、超越它而抵达未为人知的目标的成分的联合。首先，生活必须有一个肯定的内容和一种只有通过对它许多方面进行综合才能给予它的特征。生活急遽地扩展，传统的综合已经不够用。根据某些个人的意见，它们也许仍然留有地盘，但是，它们已不再是精神劳动的指导力量。来自自然、历史与社会的新事实不可抵挡地增加，打破了内在的统一；形形色色的影响为支配我们的精神努力而竞争。也许再也不可能有像过去所能提供的那样单纯简洁的综合。因而我们要获得满足和快乐，必须从生活的真正本质中发现一种综合，它必须在生活自身的劳动中与环境达成妥协。倘若我们的生活要结合在一起，这样的综合确实必不可少。而且，很难看出，除了一种独立的精神生活之外，从任何其他立场出发如何可能达到这种综合。在其他地方我们不可能找到创造性生产的原始的、自发的源泉；而没有这样一个源泉，综合又如何可能充满活力、给人激励呢？

我们的时代全都要求更明白、更简单些，不是说要单调乏味、理所当然地看待事物，而是意指一种精神的自发性。这个要求既出自于我们文化的本性，也出自于我们人类的经验。经过许多收集、编纂、研究、重构，我们的文化整个地变得太散漫太混乱。它把伟大与渺小、生机勃勃与死气沉沉混作一堆；它没法区别短暂与永恒；它不能在无限多样的历史遗产中发现简单的指导原则，从而把我们的努力引向一个确定的目标。

从人类的观点看，简单化也是同样必需的。陈旧的贵族式社会生活结构，倘若没有被废弃，也正处于被慢慢毁坏的过程之中。我们不再满足于让我们的文化在一个排外的圈子里发展成熟，在那里只有它能周到地对人类其他成员进行施舍。现时代的压倒趋势乃是要求"所有具有人的外表者"直接而充分地参与精神劳动、分享精神财富。将来更广泛的经验是否会宣布这种要求达不到，并把社会建立在另一个基础上，这是以后的问题。就目前而论，我们必须加入这一民主趋势。而且在它中间包含着一个非常明显的危险，即越来越多的人对历史运动无动于衷，将成为空洞否定的牺牲品，不是从内部而是从外部判断文化状况，因而很容易全盘抛弃它。根据这一观点，现在迫切需要找到简单的指导路线以恢复我们的团结精神，使我们能够把生活的问题看作大家共同的一个问题。

不过，我们所说的简单性不能到既定世界中去寻找。只有内在地超越既定的一切并采取一种独立的精神性的立场，才可能获得它。因为惟有如此，简单的才能同时也是伟大的；惟有如此，它才能是宇宙中新的深度的可靠表现，使我们在精神上确信这种深度。早期基督教正是凭借这样的一个简单真理改变、更新了世界，反过来，只有通过这样一种简单的真理，我们才能获得精神的支柱，战胜非理性的混乱的东西。

另外，我们自己的时代存在着许多重大问题。我们越多地把它们连在一起（这样一种归类日益变成紧迫的需要）便越清楚，为了推进它们的解决，我们必须如我们一直强调的那样，求助于一种独立的精神性，一种形成其自己的世界的精神生活。如果还需要另外的证据的话，只需指出我们自己时代的特殊状况。这个时代是个充满争端的时代，它的重要意义很难否认；对于想从生活中赢得意义与价值的人来说，它又是个充满机会的时代。

附 录

(以下这段文字，出自德文原版书中的第100页第4行到第107页，英译本在征得作者同意的前提下作了删节。希望看到原书全貌的读者，可在读到第93页［中译本第111页］上的＊号时接读本附录。)

像这样一种生活过程的实现必须给我们的经验以更大的深度，随着观点的深化和转向内部，揭示出了一个独立的精神事实世界，以其整体性特征向我们提出了一个远未解决的问题；而当采取常识的观点时，我们会把那些从与环境的接触中产生的明确结论认作惟一的事实。不过，虽然生活过程在其普遍的方面确实是一种根本的事实，对它的详细论述仍然是人类的重大任务。但是，离开成为历史的过去的支持，以及对它所教导的整个趋势的清楚了解，这种详细论述是不可能的。只有这种探索的结果能够确定我们其余的资料应当如何处理和解释，它首先给我们的行动一个明确的目标。因此，在我们不想称为生活的东西背后隐藏着一个更深地包裹着的生活，生活的真正灵魂。这一基本的生活不仅为我们规定了最重要的任务，它还向我们揭示了最有分量的事实。这些事实越是被详细论述，越是被紧密地联系在一起从而互相支持，占用自立的生活原则所获得的自信便越是向生存的每一部分扩展，并由此而肯定了自身的稳定性。

在哲学的头脑看来，通常对这些问题的论述总显得粗俗；因为它关心的仅仅是所有发生的一切是什么；而如何发生则被看作无需说明的东西，因为它不受时间推移的影响；然而，事实上，如何发生恰恰是最重要的事，是决定生活的总特征因而也是发生什么的关键因素。让我们以在漫长的历史进程中出现的大思想家为例。人们所考虑并加以评判的是他们的探讨结果（他们的答案），往往忘记他们各有其个人的（根本不同的）提问方式，而且提问的方式决定了他们的整个工作倾向，以至于问题一旦被如此提出，答案便是不可避免的。对于问题的重要性的这一认识清楚地表明，比哲学思考的结果远为重要得多的是这种思考本身，而这直接影响到哲学在生活过程中的地位。它表明哲学问题的提出本身意味着某些确定的事实，并指明生活被以某种方式构成了。它把我们引向生活中基本的东西，使我们确信这样一个基础的建立乃是最重要的事实。

有如历史向我们显示的，人类的进步提供了发现这一基础的重要线索。我们在此看到某些倾向，是倾向，而不是完全的事实。但是，这些倾向，至少就其超越了一切纯粹主观的努力和猜测而言，它们本身便是事实，具有一切事实的直接性。因为它们向我们揭示了精神生活所特有的力量，越来越清楚地表明这一点，通过揭示世事的内在性，把我们的生活建立在一个更广阔、更可靠的基础上。于是我们发现人们力图实现一种新的历史观,不是把它仅仅看作一连串的事件,后面的事件受前面事件的影响而形成,而是力图抓住并保持那些似乎消失灭绝的东西的内在本质,倘若它已从眼前消逝,则力图追回它,把孤立的时期放在一起,使之形成一幅完整的图画;在历史时期的起落中发现某种具有永恒价值、可使之在生活中复活的东西,从而把他们自己的生活安放在一个永不过时的现在之中。这样一种尝试,无论实行得多不完全,单单从这个意义上去解释历史这种可能性,岂不已经证明了一种特殊的精神能力,它应当能够有比惯常所受到的更清楚、更充分的发展?生活的所有特殊部门——宗教与道德,艺术与科学——应当如其发展状况所显示的那样作为精神生活的证据而被予以更细致的考察。这些领域中的每一个,各以其自己的方式,体现出作为整体的精神生活本身是一个基本的事实,比它的研究所能揭示的任何特殊事实更根本。例如,对不同宗教的仔细研究可能显示许多观点上的分歧;然而,比一切宗教差别更根本、更重要得多的事实是宗教本身。宗教给我们的生活带来一种意识,对崇高本性与低下本性之间的区别的意识；一方面，它表明一种提升与敬畏的发展；另一方面，表明一种恩惠与慈爱的倾向。它暴露出我们生活中根深蒂固的二元论，同时又帮助我们超越它。此外，如果宗教的意义在于接受一种独特的发展的话，我们切不可把虔诚信仰的对象拆解成许多分散的现象，而必须把它理解成一个统一体，靠着它，我们可以缔结密切的联系，从而利用新生活的力量。正如对这些特殊宗教力量的详细阐述使我们的生活组织获得了某种独特的品质一样，精神生活的其他领域也是如此，只要稍作变动即可。

然而，精神生活的展现不可能仅仅在于不同领域的协调。只有当生活过程的整体性提供一种综合，把这些领域全都结合在一起，并力求在其中各个领域产生作用时，这些领域自身才获得真正独特的发展。这种综合也决非任何形式的外部连结。相反，它是精神生活的自我集中，它克服了排外性，为我们一切活动的和谐发展提供了一个新的基础。这种综合所采取的具体形式决定了一个伟大历史时期所特有的文化类型。因而希腊世界按照一种造型艺术形式塑造其生活，把形式作为中心的、占支配地位的东西来考虑。与此相反，启蒙运动坚持一种能动的综合，以流转运动取代了静止不变。诚然，两种综合各有其局限，而且生活是广大的，不能被压缩到任何一个方面。不过在考虑局限性之前，最好公正地看到，事实上人们一直在作这种集中的努力，而且是在生活自身的范围里努力，至于各自在多大程度上展现了精神生活则仍有待于确定。在此看来，生活似乎遵循着两条发展路线，一条确定的，另一条相对不确定的，而且总是从一条转到另一条。我们似乎看到生活从内部开始的一种进步运动，以及随之一种精神空间的开拓和一种实在的形成。因而各种特定的综合便是关于生活意义的宏观构想假设，这种假设要证明自己，只能根据它在多大程度上成功地压垮抵抗并支配整个生活。

于是，这一整个历史发展势必深化各种初步印象。它在似乎最简单的东西中揭示出复杂性，在看来静止的东西中揭示出生命和运动。它打破僵硬的臆测，使之生气勃勃地活动起来。这种活动越发展，我们的经验便越是各不相同而又相互连结；整个生命便越是确定和深化，而且确定的程度正取决于它的深化程度。一切都在强化如下的信念：在人身上正在出现一种生活过程，它与一切主观任性无关，并为个体的努力提供可靠的支持。

生活问题的这一深化把我们对宇宙整体性的确信建立在一个更广泛、更稳固的基础之上，胜过理智主义观点所能提供的基础。正如生活的各个领域都要引证（根据这一假设）它是其特殊表现的一个宇宙过程一样，各个领域的劳动也意味着某种对宇宙的确信。在这些领域中产生的一切伟大的东西，无不清楚地意味着承认对宇宙的信念。这种信念，连同与之相随的实在观，在各个不同领域自然各不相同。我们已经看到宗教如何揭示了生活本质上的一种尖锐对比，不过世界上必定要有一种相应的分裂，一切现存对比的强化。艺术的根本经验是极不相同的；教育的根本经验也是极不相同的。倘若内部和外部之间没有友好的交互作用和相互联系，倘若生活过程没有超越它们之间的对立，艺术便完全不可想象。因此，艺术创造意味着承认宇宙的和谐。此外，教育者的工作意味着对实在的一种解释，要比激烈、顽固的宗教认为可能和合法的解释更友善。因为，倘若教育工作者不相信在每个人的心灵中都有某种正在沉睡而可以唤醒的真与善的成分的话，教育工作如何能进行，它又如何能要求教育工作者的全部忠诚呢？这本身便是拒绝给教会以超过学校的权威的充足理由。严密的逻辑迫使我们承认这两种观点是根本不同的。同样，道德与科学引起对生活和世界的特殊解释。这些不同的解释一起存在，而且，因为各种解释都声称它自己的特殊经验形式极为重要，要它们机灵地避免碰撞是不可能的。生活面临着瓦解的威胁，除非它能成功地保持某个包罗万象的存在大全对其一切具体发展的优势，从而确保一个立场，在那里它可望协调它们相互冲突的要求。同时，不难理解，个体会倾向于那种最适合他自己的特殊要求的对宇宙的特殊解释。但是，我们不能忘记，竞争和不完善本身正是生活的丰富性的证明，是出现在我们人类经验中的发展的不同类型与阶段的证明。由这种纷乱引起的冲突的激情本身证明一种力量，凭着它我们力图得出一条能影响生活一切细节的原则。在此我们已经远远超出了纯粹理智主义的观点。

于是，我们现在清楚地看到，生活不可能从外在于它自身的任何存在形式获得确定性或可靠性。它永远不可能从外部获得这些，而必须从它自身内部去寻求；而且不能通过坚持某一个自明的观点，而只能通过把自身统一为一个整体，把自身区分为较高的层次和较低的层次，从内部展开一个真实的世界，通过所有这些丰富的表现而保持一种确实的泰然自若。不过，在这一切之中，总是隐含地认为人的劳苦和努力有赖于一种独立的精神生活的支持。否则，这整个运动仍然是一个难解的谜，决不可能赢得我们完全的确信，也不能向我们要求全部的忠诚。

对整个生活之链适用的，对各个分散的环节也同样适用。文明，民族，个体，都只有通过生活的精神统一，才能赢得信仰的力量和行动的令人振奋的欢欣。只有这样才能够消除怀疑、指引行动。失却这种自明的必然性，这种坚定的自信，即使最伟大的天才也无力避免犹豫不决和徒劳无功。

简单的自然状态对更复杂的状态拥有优势，其主要原因便在于此。于是，我们总是被迫面对这个至关重要的真理，生活必须借助于它自己相互连结的活动从自身内寻求它的可靠性，总是记得这种可靠性以精神生活的独立为前提。

图书在版编目(CIP)数据

生活的意义与价值/(德)奥伊肯(Rudolf Eucken)著;赵月瑟译. —上海:上海译文出版社,2018.4(2023.7重印)
(译文经典)
书名原文:The Meaning and Value of Life
ISBN 978 - 7 - 5327 - 7712 - 9

Ⅰ.①生… Ⅱ.①奥…②赵… Ⅲ.①哲学理论-德国-现代 Ⅳ.①B516.51

中国版本图书馆CIP数据核字(2017)第317207号

Rudolf Eucken
THE MEANING AND VALUE OF LIFE
Translated by
Lucy Judge Gibson and W. R. Boyce Gibson
ADAM AND CHARLES BLACK,LONDON 1913
根据伦敦亚当-查尔斯·布莱克出版社1913年英译本译出

生活的意义与价值
[德] 鲁道夫·奥伊肯 著 赵月瑟 译
责任编辑/常剑心 装帧设计/张志全工作室

上海译文出版社有限公司出版、发行
网址:www.yiwen.com.cn
201101 上海市闵行区号景路159弄B座
江阴市机关印刷服务有限公司印刷

开本 787×1092 1/32 印张 6.5 插页 5 字数 79,000
2018年4月第1版 2023年7月第5次印刷
印数:10,501—12,000册

ISBN 978 - 7 - 5327 - 7712 - 9/B·445
定价:35.00元

本书中文简体字专有出版权归本社独家所有,非经本社同意不得连载、摘编或复制
如有质量问题,请与承印厂质量科联系。T:0510-86688678